40대를
후회 없이 살기 위한
15가지 습관

40대를
후회 없이 살기 위한
15가지 습관

다구치 요시후미 지음 | 이정은 옮김

흥익출판사

차례

"40대부터 더 강한 인간이 되어 남은 인생을 더 힘차게 살아라."

이것이 이 책의 테마다. 40대는 일에도 인생에도 갖가지 문제가 한꺼번에 들이닥치는 혼란의 시기다. 집안에서는 자녀교육에 머리를 싸매야 하고, 부모님의 노후 문제도 피할 수 없는 숙제가 되며, 갖가지 경제적인 문제로 머리가 아플 때다.

직장인이라면 중간관리자로서 스스로 성과를 내야 하면서 후배 양성에도 신경을 써야 하는 등 예전보다 훨씬 막중해진 책임에 어깨가 무겁다. 직접 회사를 경영하는 사람이라면 비즈니스의 유지와 확장을 위해 그간의 경험을 바탕으로 더욱 전력투구하게 되는 시기다.

이런 문제들에 제대로 대응해 나가기 위해서는 한마디로 '몸과 마음이 모두 건강한 인간'이 되어야 한다. 내 삶을 대신해줄 수는 있는 사람은 어디에도 없다. 40대는 그런 목표와 책임감을 가지고 스스로를 단련해야 한다.

그렇다면 '인간으로서의 강인함'은 어떻게 연마해야 할까? 나는 이 물음에 대한 답을 《논어》, 《노자 도덕경》, 《손자병법》, 《채근담》 같은 동양고전의 지혜에서 찾으려 한다. 동양고전은 수천 년 동안 최고의 지식인부터 일반 백성에 이르기까지 마음을 닦고 삶의 길을 밝히는 '인생 교과서'로 읽혀왔다.

사람들로 하여금 인생을 더 강하고 현명하게 살도록 만드는 것은 학교에서 배운 '지식'이 아니라 예로부터 전해 내려온 현인들의 '지혜'로, 동양고전은 시간과 공간을 초월해서 사람들의 삶에 깊이와 넓이를 더하며 오늘에 이르고 있다.

이 책에서는 인생의 한복판을 누구보다 힘차게 달려 나가야 하는 40대들이 반드시 지키고 경계해야 할 문제들, 이제부터 한층 더 강한 인간으로 성장하기 위해 반드시 알아야 할 지침과 행동 방식들을 소개한다.

나는 40대들을 보면 매우 위태롭다고 느낄 때가 많다. 40대들은 사회인이 된 지 어느덧 10년을 훌쩍 넘어 이제 20년을 목전에 두고 있기에 삶에도, 일에도 나름 익숙해져 있다.

그렇기에 회사에서는 예전보다 한층 중요한 업무를 맡고, 그런 능력은 업계에 어느 정도 이름이 알려져 있어 어디를 가도 자랑스레 명함을 내밀 수 있어야 한다. 이런 분위기에 젖어 자신이 마치 뛰어난 인재라도 된 것처럼 착각하며 살고 있는 것은 아닌지 돌아볼 필요가 있다.

그런 태도는 태만과 자기만족을 불러들여 진지하게 일을 대하는 자세와 미래비전을 창출하는 태도가 무너져 어느 순간 나락으로 굴러 떨어지게 된다. 주변을 돌아보면 그런 선배나 동료들이 적지 않음을 발견하게 될 것이다.

그렇다고 '나는 여전히 미숙하다, 예전보다 실력이 크게 늘지 않아 불만이다'라고 말하기를 바라는 건 아니다. 단지 40대는 인생에 있어서나 비즈니스 커리어에 있어서나 아직은 중간 지점에 도달했을 뿐이라는 말을 하는 것이다. 진정한 실력의 습득은 40대부터이니 미래를 위해 단단히 결의를 다지며 스스로를 확장시켜 나가면 된다.

40대는 정신없이 바쁘다. 그런데 이를 핑계 삼아 자신의 능력을 확장하는 일에 태만하거나 사람들과 교류하는 자리를 멀리하는 사람들이 많다. 그런가 하면 책을 한 권도 읽지 않고, 삶에 여유와 풍요를 제공할 취미를 즐긴 적도 없으며, 가족들과 변변한 대화조차 나누지 않는 등 어제와 똑같은 오늘을 반복해 나가는 사람도 많다. 이 책은 그런 사람들에게 이대로는 안 된다는 경고장이자, 자각을 일깨우는 자명종이 될 것이다.

아무리 바쁘더라도 매일 자신을 돌아보며 미래에 대한 '자기 강화 계획'을 세우고 있는지 고민해야 한다. 바로 이것이 40대에 인간으로서 더 강해질지를 결정하는 출발점이 된다. 나 자신의 삶을 되돌아보면 '40대의 그때가 지금의 나를 만든 분기점이었다', '그래도 40대에 열심히 했기에 오늘의 삶을 손에 넣을 수 있었다'고 실감할 때가 많다.

당신도 노력하는 삶으로 거듭나서 일에서나 삶에서나 '더 강한 인간'이 되기를 바란다. 40대부터 자기 삶을 더 굵고 강하게 만들어 나가는 사람이 나머지 삶을 결정하게 된다는 사실을 잊지 말기 바란다.

[Part 1]

40대에 반드시
다짐해야 할 것들

변화의 습관

지금이 당신의
티핑 포인트

인생 경험이 쌓이고, 업무에도 익숙해진 40대는
타인의 의견을 받아들이지 못하다가
변화를 따르지 못하는 구닥다리가 되어버리기 쉽다.
다양한 생각을 유연하고 겸허하게 받아들이는
'물의 정신'을 갖추고 사람과 세상을 대하라.

[물의 정신을 배워라]

40대에 들어서자 일에서도 삶에서도 돌연 성장이 멈춰버리는 사람이 있다. 어제의 일상을 습관처럼 오늘도 반복하고, 오늘의 삶을 시계추처럼 내일도 그대로 반복한다. 그러다 보니 일도 인생도 재미가 없어지고 무엇에도 흥미가 없다.

20대, 30대에는 미지의 세계에 도전하는 것이 삶 그 자체였기 때문에 하루하루가 살얼음판을 걷는 기분이었다. 하지만 40대가 되어서는 다르다. 내일의 삶은 오늘보다 향상되어야 한다는 신념 따윈 없이 여태 해왔던 그대로 근근이 일상을 이어간다. 그럭저럭 살아간다는 것만큼 불행한 일이 또 있을까?

이렇게 된 이유는 젊은 시절의 '유연함'과 '겸허함'을 잃어버리고 딱딱하게 경직된 삶을 이어가기 때문이다.

40대는 부하직원을 리드하는 중간관리자로, 또는 크고 작은 기업을 이끄는 경영자로 조직을 더 좋은 방향으로 이끄는 중책을 맡고 있는 사람들이다. 이 나이가 되면 대부분 결혼을 하여 한 집안의 가장으로서의 책무 또한 무겁기만 하다.

그렇다고 젊은 날의 패기를 떠올리며 자기 운명에 무모하게 덤비는 것만이 능사가 아니다. 지금까지 축적해온 힘과 지혜를 살려 40대에 맞는 인격과 역량을 풀가동해야 한다. 그렇다면 이를 위해 어떠한 마음가짐이 필요할까?

먼저 마음에 새겨두어야 할 것은 '물의 정신'이다.《노자 도덕경》에 '상선약수(上善若水)'라는 말이 나온다. 물은 만물을 이롭게 하면서도 서로 다투지 않으므로 세상에서 으뜸가는 선(善)의 표본이라는 뜻이다. 즉 몸을 낮추어 겸손하며 남에게 이로움을 주는 삶을 살라는 의미를 담고 있다.

—

세상에서 제일 좋은 것은 물과 같다. 물은 세상 만물을 이롭게 하면서도 다투지 않고, 모든 사람이 꺼리는 낮은 곳에 기꺼이 머물기에 도(道)에 가깝다. 살면서 물처럼 땅을 좋게 하고, 마음을 쓸 때는 물처럼 깊음을 좋게 하고, 사람을 사귈 때는 물처럼 어짊을 좋게 하고, 말할 때는 물처럼 믿음을 좋게 하고, 다스릴 때는 물처럼 바르게 하고, 일할 때는 물처럼 능하게 하고, 움직일 때는 물처럼 때를 좋게 하라. 물은 오로지 다투지 아니하니 허물이 없다.

上善若水 水善利萬物 而不爭 處衆人之所惡 故幾於道.

居善地 心善淵 與善仁 言善信 正善治 事善能 動善時.

夫唯不爭 故無尤.

—

나는 이 말이야말로 40대에 지녀야 할 마음가짐이자 더 큰 성장을 위한 핵심 포인트라고 생각한다. 강물은 어느 작은 골짜기에서 시작되어 돌이나 풀에 부딪히면서 계속 흐른다. 물은 상대를 고르거나 차별하지 않고 모두를 아우르며 흐르고 흘러 바다에 이른다. 그렇기에 물은 풍부함을 지닌다는 말을 듣는 것이다. 다음은 《논어》에 나오는 유명한 말이다.

세 사람이 길을 같이 가면 그중에서 반드시 내 스승이 될 만한 사람이 있다. 장점은 가리어 본받고, 좋지 않은 점으로는 자신을 바로잡을 수 있기 때문이다.

三人行 必有我師焉 擇其善者而從之 其不善者而改之.

20대, 30대에는 일에서나 인생 전반에 대해서나 모르는 게 많기 때문에 이런 태도를 갖기가 쉬울 수 있다. 하지만 40대가 되면 그간의 경험을 통해 쌓은 지식이 많기에 뭐든 알고 있는 듯한 기분이 든다. 그렇기 때문에 타인의 생각이나 의견을 좀처럼 받아들이려 하지 않고 자기만의 생각을 대단한 것처럼 여기게 된다.

대부분의 40대는 바로 이런 상황에 처하기 때문에 자신의 능력을 확장하는 일을 소홀히 하고, 그러다 어느 순간 성장이 멈춰서 시대 변화를 따르지 못하는 구닥다리가 되어버리는 것이다.

사람은 아무리 공부를 많이 하고 경험이 풍부하더라도 모든 것을 다 알 수는 없다. 그러므로 살아가면서 타인의 생각이나 아이디어를 유연하고 겸허하게 받아들이는 '물의 정신'을 갖는다면 더욱 폭넓은 인간으로 성장할 수 있을 것이다.

[지금이 당신의 티핑 포인트]

'티핑 포인트(Tipping Point)'라는 말이 있다. '1만 시간의 법칙'으로 유명한 미국 작가 말콤 글래드웰이 발간한 책의 제목이기도 한 이 말은 원래 사회학 용어다.

1970년대 미국 동북부 도시의 백인들이 어떤 이유인가로 줄줄이 교외로 이탈하는 현상이 생기자 이를 살펴보던 사회학자들이 흥미로운 사실을 발견했다. 한 지역에 전입해 들어오는 흑인들의 숫자가 전체 인구의 20%를 넘으면 그곳의 백인들이 한순간에 떠나버리는 것이었다. 사회학자들은 그러한 전환이 일어나는 시점을 티핑 포인트라고 불렀다.

'티핑'이란 미세한 변화에 지금까지 지속되던 상태가 급변하는 걸 뜻한다. 티핑 포인트란 그동안 유지되어 오던 어떤 균형이 무너지고, 엄청난 변화가 폭발적으로 번지는 현상을 가리킨다. 요컨대 아주 작은 일로부터 시작된 변화가 어느 순간 예기치 않은 격변을 일으키는 임계점을 말한다.

가령 지금까지 별로 주목받지 못했던 상품이 어떤 일을 계기로 갑자기 소비자들의 선택을 받고 완판이 되거나, 어떤 아이디어가 느닷없이 사람들의 지지를 받아 다이너마이트가 폭발하듯이 사회현상으로 번져 나가는 것이 그렇다. 글래드웰은 책에서 이렇게 말하고 있다.

"주위를 돌아보라. 요지부동인 것처럼 보일지 모르지만, 어딘가를 살짝 건드리기만 하면 모든 것이 일순간에 바뀔 수 있다."

40대는 티핑 포인트가 찾아올 결정적인 시기다. 그건 축적되어온 수많은 경험과 실력이 어느 작은 계기 하나로 발현되어 한순간에 당신의 운명이 바뀔 수 있다. 세상의 모든 일에는 삽시간에 변화가 일어나는 티핑 포인트가 존재하기 때문이다.

따라서 40대에 가장 필요한 자세는 '나에게도 곧 성공의 티핑 포인트가 찾아올 것이다'라는 긍정적인 마음으로 일을 하고, 세상을 살아가는 것이다. 윈스턴 처칠은 이런 말을 했다.

"부정적인 사람은 모든 기회에서 어려움을 찾고, 긍정적인 사람은 모든 어려움에서 기회를 찾는다."

당신의 삶을 채우고 있는 어떤 것을 살짝 건드리기만 하면 지금까지 지속되던 상태가 더 높은 방향으로 폭발하게 된다. 그런데 부정적인 눈 때문에 자신에게 찾아온 기회를 위기로 받아들이는 40대에게 미래는 없다.

'배수진(背水陣)'이라는 말이 있는데, 한(漢)나라의 명장 한신(韓信)이 조(趙)나라를 공격할 때 유래되었다. 한신은 조나라의 성채를 공격하기 전에 병사들을 깊은 강물 앞에 진을 치게 했다. 싸우다 물러서면 강물에 빠져 죽는 것이니 병사들로서는 싸우다 죽으나 물에 빠져죽으나 똑같은 상황이 되었다. 이래 놓고 한신이 병사들에게 말했다.

"죽기로 작정하고 싸우면 살고, 살자고 작정하며 피할 구명을 만들어놓으면 반드시 죽는다."

당신을 위한 티핑 포인트는 가만히 손 놓고 기다리면 저절로 찾아오지 않는다. 여기가 아니면 죽는다는 각오로 배수진을 치고, 죽기로작정하고 세상과 맞서야 한다. 그러면 살아가는 나날의 모든 순간이당신에게 티핑 포인트가 될 수 있다. 그런 믿음이 모든 어려움에서기회를 잡게 만들 것이다.

[유능한 컨트롤타워가 되어라]

40대가 되어서도 젊은 시절처럼 여전히 다른 이들과 부딪히고 싸우는 사람이 있다. 그런 사람들일수록 작은 일에도 승부에 집착하여상대를 이기려고 안달을 한다. 이런 태도는 자신이 나약하고 편협한인간임을 대놓고 고백하는 것과 같기에 주위로부터 신뢰를 얻지 못한다.

30대까지는 남보다 뛰어난 능력이 있으면 금방 두각을 나타내지만 40대부터는 상황이 달라진다. 조직에서 중요한 책임을 맡은 사람으로서 제일 중요한 것이 '신용'이나 '신뢰'이다. 이것이 없으면 더 이상 올라갈 자리가 없다. '만나는 사람은 모두 나의 스승'이라고 생각하는 태도는 달리 말하자면 다른 사람들과 쓸데없는 싸움을 하지 않는다는 뜻으로, 이것이 바로 '물의 정신'이고 당신만의 티핑 포인트를 만들어내는 필수조건이다.

30대까지는 주위와 잘 어울리고 유연하게 일을 처리하던 사람이 40대에 들어서서 갑자기 자기만의 생각대로 일을 처리하려고 하거나 무슨 일에든 이기려는 태도를 보이는 경우가 있다. 이는 그간의 경험과 지식에 대한 자기 확신이 생긴 탓으로, 이런 태도로는 살아가면서 어떤 이득도 얻을 수 없다. 주위의 반발이나 미움을 사서 몇 배로 되갚음을 당할지도 모르고, 수단 방법을 가리지 않는 인간이라는 낙인이 찍혀 신용을 잃을 수도 있다.

'누군가와 싸우고 상대를 짓밟아서 무엇인가를 얻으려고 한 적은 없을까?' 하는 질문에 나를 대입해보면 전혀 없었다고는 말할 수 없다. 그러나 그렇게 해서 얻어낸 이득이 무엇이었는지에 대해 생각해보면 도무지 떠오르는 게 없다. 살면서 겪는 수많은 다툼은 말하자면 삶이라는 거대한 바다에 나뭇잎 하나 정도밖에 안 된다는 것이다.

타인과 쓸데없이 다투지 말고, 무모하게 적을 만들지 않으며, 만나는 사람 모두를 마음깊이 받아들이며 살아가는 것. 한마디로 말해서 40대는 그러한 역량과 도량을 발휘해가며 살아가야 한다.

문제는, 마음으로는 그런 다짐을 해도 현실의 벽 앞에 서면 감당해내야 할 수많은 문제들 때문에 반목과 다툼을 피할 수 없다는 점이다. 노자는 바로 이런 까닭에 물의 정신으로 살아야 한다고 거듭해서 말한다.

물은 형태가 없기에 어디라도 갈 수 있다. 조금도 틈이 보이지 않는 곳조차도 여유 있게 침투해 들어갈 수 있다. 보잘것없는 작은 물방울이 오랜 시간이 걸리기는 하지만 딱딱한 바위에 구멍을 뚫을 수 있다. 이처럼 자기 자신을 단련하는 노력을 아끼지 말아야 한다.

이런 이야기는 고전에 흔하게 등장하는 고사로, 그만큼 옛사람들은 작은 물방울이 쌓이고 쌓여 기어이 돌을 뚫는 기적에서 '노력하는 삶'이 얼마나 중요한지를 알고 실천했던 것이다. 가령 이런 이야기가 있다.

당나라 때의 천재 시인 이백(李白)이 소년시절에 겪은 이야기이다. 이백이 깊은 산에 들어가 공부를 하다가 중도에 싫증을 느껴 다 때려

치우고 집으로 돌아가기로 결심하고 한참을 산에서 내려오다가 한 노파를 만났다. 노파는 물가에 있는 작은 바위에다 열심히 도끼를 갈고 있었다. 이백이 연유를 물으니 바늘을 만들기 위해 그런다는 것이었다. 도끼로 바늘을 만들겠다는 노파의 끈기에 크게 감명을 받은 이백은 그 길로 다시 산으로 돌아가 학문에 매진했다고 한다.

40대에는 물의 정신을 배워 일상의 곳곳에서 활용해야 한다. 당장 목전의 정답에만 국한하지 않고 다양한 조건을 결합하고 조정해서 상황을 정리해 나가는 '조정력'도 그런 의미에서 중요하다. 이는 중간관리자로 일하는 40대들은 지금 몸담고 있는 조직이 잘 돌아가도록 조정하는 유능한 컨트롤타워가 되어야 한다는 뜻이기도 하다.

컨트롤타워가 독단적이고 편협하며 자기 이익만 챙기는 회사는 정상적으로 굴러가기가 어렵다. 반대로 컨트롤타워가 물처럼 스스로 몸을 낮추고 겸손하며 남에게 이로움을 주겠다는 자세로 임하는 조직은 기계에 기름칠을 한 듯이 잘 돌아간다.

당신은 어떠한가? 언제든 컨트롤타워 역할을 떠맡게 될 때 '준비된 인재'라는 말을 들을 수 있도록 미리 준비해두자. 중국 진나라 때 발간된 《여씨춘추》에는 '팔관육험법(八觀六驗法)'이라 해서 사람을 알아보는 8가지 방법을 소개하고 있다.

1. 잘나갈 때 어떤 사람을 존중하는가?

2. 높은 자리에 있을 때 어떤 사람을 쓰는가?

3. 부유할 때 어떤 사람을 돌보는가?

4. 남의 말을 들을 때 어떤 자세를 취하는가?

5. 한가할 때 무엇을 즐기는가?

6. 친해진 뒤에 무슨 말을 털어놓는가?

7. 좌절했을 때 지조가 꺾이는가?

8. 가난할 때 무엇을 하지 않는가?

오늘을 살고 있는 40대들에게 적용해도 조금도 손색이 없는 질문들로, 역설적으로 타인들에게 내가 얼마나 준비된 사람인지를 보여주는 8가지 방법이라고 해도 지나치지 않는다.

우리가 물처럼 유연하게 살아가고, 결정적인 순간을 얻기 위해 준비하고, 조직에서 유능한 컨트롤타워가 되기 위해 노력하는 일들은 결국 세상에 준비된 인재임을 보여주기 위한 작업들이다. 위에 소개된 8가지 방법을 명심하고 항상 행동에 조심하기 바란다.

안내의 습관 자기 자신을
지탱한다는 것

관성에 젖은 직장생활에
나 자신을 의탁하고 있지 않은가?
작은 것이라도 좋다, 내가 가진 재능과 능력을 동원해서
나만의 비즈니스로 창조할 수 있는 일을 연마하라.

[자활력을 키워라]

나는 40대들에게 '자활력(自活力)'을 갖추라고 충고한다. 자활이란 자기 스스로의 힘으로 살아간다는 뜻으로, 이를 미국의 기업사회에서는 자기 자신을 지탱한다는 뜻인 'self-support'라 해서 매우 중요하게 여긴다.

세상엔 자기 자신을 스스로 지탱하지 못하는 사람들이 넘친다. 자기 의지라곤 전혀 없이 타인의 힘에 의존해서, 타인의 명령에 따라 살아가는 것이다. 당신은 어떤 편인가?

내가 자활력에 대해 말하면 대부분의 사람들이 이렇게 대답한다.

"저는 회사에서 제대로 일하고 있고, 가정도 튼튼히 지키고 있으니 자활력이 있는 편이랍니다."

이런 말은 내 충고의 진의를 모르고 하는 대답이다. 내가 말하는 '자활력'은 냉정하게 말하자면 오늘 당장 회사가 망하거나 명예퇴직을 당해서 실업자가 된다고 해도 혼자 일어설 수 있는 실력을 뜻한다.

그럴 수 있느냐는 물음에 조금도 고민 없이 'Yes!'라고 답할 수 있는 40대는 극소수일 것이다. 이런 대답을 내놓으려면 자기가 현재 몸담고 있는 분야에서 최고 전문가 소리를 들어야 한다. 자기 분야에서 적어도 상위 1% 안에 들어가는 실력자라면 어떤 상황에 처하더라도 혼자 일어설 수 있다.

당신이 건설회사 영업부에서 일한다고 치자. 당신과 흡사한 업무를 맡고 있는 직장인들이 전국적으로 10,000명이라고 할 때, 적어도 100명 안에 들어가야 자활력이 있는 1% 최고 실력자라는 소리를 들을 수 있다. 당신의 위치는 어디쯤에 있는가?

대부분의 40대들은 지금 다니고 있는 회사, 지금 하고 있는 일에 안주하면서 자기 삶을 확장시키려는 노력을 하지 않는다. 그러다 보니 직장을 잃는 등 생각지 못한 사태가 오면 속수무책으로 바닥으로 떨어지는 경우가 많다. 자활력에 대한 관심조차 없이 현실에 만족하며 살아온 대가는 그렇게도 크다.

40대라면 혹시 있을지 모를 사태에 대비해서, 또는 10년 후의 삶에 대한 준비작업으로, 지금 하고 있는 일의 연장선상에 있는 자격증을 따두거나 실질적인 이익을 얻을 수 있는 분야를 두드려서 내 것으로 만드는 등 미리 준비해둬야 한다.

'나는 이것으로 언제 어떤 상황이 와도 흔들리지 않을 자신이 있다'고 자신 있게 말할 수 있는 무기를 2개 이상 준비하라! 이것이 40대에 더 강인한 인간이 되는 철칙이다.

나는 젊은 시절부터 '무엇을 하면 자활할 수 있을까?'에 대해 항상 고민해왔다. 중학생 때의 쓰디쓴 경험에서 커다란 깨달음을 얻었기 때문이다. 당시 나는 교토에서 첫손에 꼽히는 중학교에 당당히 합격했는데 1년도 지나지 않아 아버지가 도쿄로 전근을 가게 되었다. 내가 전학을 가고 싶지 않다고 하자 아버지의 대답은 너무도 간단하고 차가웠다.

"그래, 함께 가지 않아도 좋다. 그 대신 혼자 힘으로 살아라."

그 말씀에도 나는 고집을 부리며 혼자 살 궁리를 했다. 하지만 중학생한테는 아무래도 무리였다. 그때의 억울함 때문에 나에게는 고등학생 때부터 버릇처럼 어디 돈이 될 일이 없는지, 매사를 자활의 관점에서 바라보는 습관이 생겼다.

　나는 혼자 터득한 재즈기타 실력으로 돈을 벌어 고등학교 3년을 공부했고, 대학 때는 영상 분야에서 아르바이트를 하며 선배들로부터 장래성을 인정받기도 했다.

　하지만 얼마 되지 않아 불의의 사고를 당하고 말았다. 영화 촬영 때문에 방문했던 태국의 방콕에서 교통사고를 당하면서 생사의 기로에 섰던 것이다. 그때 나는 앞뒤로 꽉 막힌 상황 때문에 좌절할 수밖에 없었다. 재활 시간은 오래 걸렸고, 후유증도 심했기에 자활은커녕 삶의 희망마저 찾기 힘들었다.

　그런 가운데서도 나는 뭔가 혼자 힘으로 할 수 있는 일이 무엇인지 생각하면서 하나하나 리스트를 작성해 나갔다. 그중 하나가 글쓰기였다. 글쓰기는 불편한 몸으로도 얼마든지 할 수 있고, 내 적성에도 딱 맞는 일이었다.

　그때부터 나는 TV 드라마 시나리오나 라디오의 대본, 정치인의 연설문, 만화 원작, 소설 등 닥치는 대로 원고를 구해다 그대로 베끼거나 나름의 식견을 담아 재창작해 나갔다.

　이런 습작 기간이 글쓰기에 대한 자신감을 불러일으켰다. 그런 자신감을 밑천으로 몸을 회복한 뒤에 '이미지플랜'이라는 출판 기획회사를 만들었다. 그것이 오늘의 나로 이어지고 있다. 그때 나는 당장 먹고살 수 있는 일이 아니더라도 미래 먹거리를 위해 착실히 준비해 나가는 일이 인생에서 얼마나 중요한지를 깨달았다.

내가 현재 하고 있는 '동양사상에 기초한 비즈니스 컨설턴트와 강의'라는 능력도 교통사고를 당했을 때 병상에서 만난《노자 도덕경》에 심취한 이래로 오랜 기간 동양고전을 공부해온 덕분이다.

우리는 동서양의 고전을 '인생 교과서'라 부른다. 나는 고전이 전하는 삶의 지혜를 나 혼자만의 마음의 양식으로 삼는 것을 넘어서 비즈니스 컨설팅 분야와 연결함으로써 내가 몸담고 있는 분야의 수많은 경쟁자들과는 전혀 다른 길을 열 수 있었다.

이런 경험을 통해 오늘을 사는 40대들에게 조언하고 싶은 말은 자기 능력 안에서 돈이 될 만한 것들을 2개 이상 만들어두고, 그것을 탄탄히 다지는 일을 게을리하지 말라는 것이다. 이를 더 간단히 말하면 가슴속에 돈이 될 만한 나무를 키우라는 것이다. 이것이 앞으로의 삶을 한층 강하게 살아가기 위한 핵심 포인트다.

만일 미래에 대비하지 않고 그저 안일과 태만을 일삼으며 10년을 살게 되면 50대 이후엔 돌이킬 수 없는 나락으로 굴러 떨어지게 된다. 40대는 이런 위기감을 항상 염두에 두어야 한다.

40대에 들어서서 어느 날 문득 주위를 둘러보면, 주변에 사람들이 하나둘 떠나버린 것을 알게 된다. 한때는 그 많던 동료들이 시야에서 사라져버린 것이다. 도대체 다들 어디로 가버린 것일까?

나의 40대를 회고해 보면, 내 곁을 떠나버린 사람들의 공통점이 있음을 알게 된다. 그것은 '자만심'이라는 괴물이다.

자만심은 언제, 왜 생기는 것일까? 누구나 익숙한 일상에 뿌리를 내리면 움직이지 않으려는 마음이 있다. 타성에 젖은 현실 안주가 발목을 잡는 상황이 가장 빈번하게 나타날 때가 바로 40대인 것이다.

기업사회에서 40세 이전까지 누구보다 빠르게 승진하는 사람이 있다. 이른바 장래가 촉망된다는 말을 듣는 사람들이다. 그런데 이들이 40대 중반을 넘어가면서 서서히 예전의 속도를 잃어버리는 경우가 태반이다. 이유가 뭘까?

그런 사람을 자세히 뜯어보면, 동료들을 제쳤다는 자만심에 사로잡혀서 안하무인으로 전횡을 저지르거나 독단하는 경향을 보인다. 사업을 하는 40대라면 그때까지의 성공에 기고만장해서 교만해지거나 주변사람에게 받는 애정을 당연시하며 자기 마음대로 행동한다. 요컨대 대부분의 사람들은 일이 잘 풀려나가면 자신도 모르게 교만해진다는 것이다.

중국 역사상 최고의 명의로 화타(華佗)와 편작(扁鵲)을 꼽는다. 화타는 침술과 외과적 수술에 탁월한 능력을 보였고, 편작은 죽은 사람도 살린다는 말을 들을 정도로 약을 잘 써 신의(神醫)라는 말을 들었다. 그런데 신이 내린 명의 편작도 도저히 못 고치는 병이 있었다. 편작 같은 명의 10명이 와도 절대 못 고친다는 '여섯 가지 불치(不治)'가 그 것이다.

첫째, 지나치게 교만하여 남의 말을 듣지 않는다.
둘째, 재물만 중히 여기고 몸을 가벼이 여긴다.
셋째, 먹고 입는 것이 적절하지 않다.
넷째, 음양의 기운이 막혀 균형이 깨져 있다.
다섯째, 몸이 쇠약하여 약조차 받아들이지 못한다.
여섯째, 무당의 말만 믿고 의사는 믿지 않는다.

천하제일의 명의 편작도 두 손을 든 '여섯 가지 불치'를 살펴보면 그 중심에 모두 '나'가 자리 잡고 있음을 알게 된다. 나만 옳다는 교만으로 병을 만들고, 탐욕스럽게 내 멋대로 살아서 병을 키우며, 헛된 것에 빠져 몸을 망치고 만다. 편작은 말하기를, 우물 안의 개구리처럼 눈과 귀가 가려져 바깥세상을 모르는 것이 불치병이라는 것이다.

편작은 또한 목전에 벌어진 일에 일희일비하며 살지 말라고 가르친다. 동양고전에서는 인간에게 닥치는 화(禍)와 복(福)은 마치 꼬인 새끼줄과도 같다고 말한다. 행복과 불행은 새끼줄처럼 얽혀 있기에 세상사에 지나치게 과민반응을 하지 말라는 뜻이다.

이를 현대적으로 해석하면, 40세까지 다른 이들의 부러움의 대상이 될 정도로 잘나가더라도 그 뒤에 꼬인 새끼줄과 같은 불행이 숨어 있을 수 있으니 항상 조심하면서 자신을 다독여 나가야 한다는 뜻이다.

중국 한나라 때 어느 마을에 노인이 살고 있었는데, 어느 날 기르던 말이 달아났다. 마을사람들이 위로하자 노인은 오히려 그 일이 복이 될지 누가 알겠느냐며 태연한 표정을 지었다. 얼마 후 그 말이 준마(駿馬)를 데리고 돌아와 사람들이 축하하자 노인은 이번에는 그 일이 오히려 화를 부르게 될지 모른다며 걱정했다.

얼마 후 노인의 아들이 준마를 타다 떨어져 큰 부상을 입었다. 사람들이 걱정하자 노인은 이 일이 복이 될 수도 있다며 태연하게 받아들였다. 1년 후 큰 전쟁이 터져 마을의 청년들이 모두 불려나갔지만, 노인의 아들은 절름발이였기에 전쟁에 나가지 않아 죽음을 면할 수 있었다.

이때부터 '인간만사 새옹지마(人間萬事 塞翁之馬)'라는 말이 생겼다. 우리가 살아가면서 만나는 기쁨이나 슬픔은 결코 길지 않으니 안심할 것이 못 되고, 그렇다고 마냥 걱정만 하고 있을 일은 더욱 아니라는 뜻이다. 40대가 되어서도 이러한 세상살이의 법칙을 깨닫지 못하고 눈앞의 상황에 일희일비하는 사람은 매우 위험하다고 할 수 있다.

자만하면 무엇보다도 노력의 눈물과 땀방울이 얼마나 귀한지를 잊어버리게 된다. 지금의 상황을 떠받치고 있는 것들은 보다 높은 곳을 향해 나아가고자 했던 지나온 나날들의 노력 덕분인데, 아직 인생의 꽃을 피워보지 못한 40대에 벌써 지난날의 애로를 망각한다면 50대 이후는 보나마나다.

40대까지 손에 넣은 성공은 앞으로 더 높이 비상하기 위한 통과의례에 지나지 않는다. 따라서 절정의 삶에 이르기 위해 더 힘을 내어 달려가야 하는 시점에 자기만족에 빠져 지낸다면 미래는커녕 현재마저 잃게 될 수 있음을 잊어서는 안 된다. 인생의 한복판인 40대에 자만에 빠져 한번 추락하기 시작하면 되돌릴 수 없을 정도로 시간이 없다는 사실을 마음에 새겨야 한다.

자만에 빠지면 무엇보다도 주위사람들이 멀어져 간다. 이것은 치명적인 화살로 돌아온다. 자신이 이뤄낸 성과에 대단하다는 자부심에 빠져서 함부로 나대거나 그 덕분에 얻어낸 지위를 등에 업고 오만

하고 고압적인 태도를 취하는 인간을 좋아할 사람은 없다. 이런 사람을 상사로 둔 아랫사람들은 표면적으로는 존경하는 척하면서도 마음속으로는 멀리하는 경우가 태반이다.

그렇게 사람들의 마음이 하나둘 멀어져 버리면, 무엇보다 주위로부터 협력을 얻을 수 없게 된다. 세상에 독불장군은 없다. 그런 사람은 아무리 높은 자리에 오른다 해도 결국엔 혼자만의 세계에 갇히고 침몰하는 신세가 된다. 《노자》는 교만하지 않는 삶의 지혜를 위해 이렇게 가르친다.

———

스스로 드러내지 않아서 오히려 밝고, 스스로 옳다 하지 않아서 오히려 뚜렷하며, 스스로 자랑하지 않아서 오히려 공이 있고, 스스로 뽐내지 않아서 오히려 오래 간다.

不自見故明　不自是故彰　不自伐故有功　不自矜故長.

———

성경에 누구든지 자기를 높이는 이는 낮아지고, 자신을 낮추는 이는 높아질 것이라는 말이 있다. 동서양의 성인들이 자만의 위험성에 대해 입을 모아 경계한다는 것이다.

그러나 누구나 자만해서는 안 된다는 사실을 알아도 최고의 자리에 오르게 되면 주변에 자신의 위치를 한껏 드러내고 싶어진다. 이런 욕구를 참아내고 낮은 자세로 돌아가는 게 쉽지 않다. 상승기류를 탈 때는 자기만족에 빠져서 주변의 말에 귀를 기울이기가 어렵기 때문이다.

그렇기에 40대엔 특히 '큰물'에서 노는 '큰 인물'들을 만나볼 필요가 있다. 그런 의미에서 롤모델로 삼고 싶은 업계의 리더들, 어느 분야에 전설적인 업적을 남긴 인물들의 발자취를 따라가 보는 것이 큰 자극이 된다.

그런 사람들은 직접 만나지 않더라도 책이나 강연을 통해 얼마든지 만나볼 수 있다. 이를 통해 그의 언행과 인간적인 면모를 접하면 자연스럽게 '나는 아직 멀었구나'라는 겸허한 기분이 들 것이다. 역사에 이름을 남긴 인물들을 찾아도 된다. 그들의 뜨거웠던 삶과 너무나 큰 스케일로 세상을 걸어갔던 면모를 바라보며 자신을 돌아본다면 40대에 자만심이 끼어들 여지는 없을 것이다.

절제의 습관

가짜와 진짜를
알아보는 눈

조직 내 잘못된 관행과 타성에 물들지 마라.
"아빠, 요즘 무슨 일 해요?"라는 자녀의 질문에
당당하게 대답할 수 있는 행동을 하라.

[도량이 크다는 말의 함정]

'청탁병탄(淸濁倂呑)'이라는 말이 있다. 맑은 것과 탁한 것을 함께 삼
킨다는 뜻으로, 선악을 가리지 않고 있는 그대로 받아들일 정도로 도
량이 크다는 의미이다. '그릇이 크다'는 말도 있다. 외부의 크고 작은
충격에 동요가 없고 담담해서 바윗덩어리같이 감정의 변화가 없는
담대한 사람을 이르는 말이다.

　40대에 나쁜 길로 빠져들었다가 탈출하지 못하고 결국엔 인생마
저 망치는 사람들이 의외로 많다. 거래처 간부에 이끌려 도박에 발을

담갔다가 빠져나오지 못하는 것은 물론이고 회사 공금을 몰래 빼돌려 도박에 탕진한 사람도 있고, 우연히 신흥종교에 발을 들여놓았다가 직장은 물론이고 가정까지 내던질 정도로 빠져든 여성도 있다. 이들의 공통점은 한때는 '나는 도량이 커서 뭐든 흡수할 수 있다'고 떠들어댄 사람들이라는 것이다.

40대에 어떤 사건에 휘말렸다가 그동안 피땀 흘려 쌓은 탑이 흔들리면 돌이키기가 힘들다. 40대는 공든 탑의 기반을 더욱 튼튼히 하여 자기 삶이 어떤 바람에도 흔들리지 않게 만드는 시기인데, 이때 퇴보하기 시작하면 걷잡을 수 없는 것이다.

그런 까닭에 '청탁병탄'을 외치는 사람은 왠지 대단한 것처럼 보이지만, 이런 말을 방패 삼아 옳고 그름을 분간하지 않고 함부로 행동했다가는 감당하기 힘든 인생이 기다리고 있음을 알아야 한다.

40대가 되면 자기 분야에서 어느 정도 능력을 갖추게 되고, 개중에는 리더로서 확고한 기반을 다진 이도 있다. 문제는 이런 때일수록 뒷거래 이야기가 심심찮게 나온다는 점이다.

'나도 이제 마흔 살을 넘겼으니 주변을 두루 헤아리고 받아들이는 사람이 되어야겠다'면서 아무한테나 마음의 문을 열어젖히고, 아무 말이나 분별없이 귀를 기울인다면, 이는 완전히 착각한 것이다. 자신은 그러한 유혹에 빠지지 않을 자신이 있다고 믿어도 악마의 손길은 어떻게든 교묘한 기술로 덤벼들어 기어코 사람을 무너뜨린다.

문제는 탁류가 흐르는 혼돈의 세계도 어떤 의미에서는 쾌감을 선사한다는 점이다. 30대 중반부터 상사의 명령에 따라 이면계약으로 부당이익을 취해온 지인이 있다. 상사는 그에 대한 몫으로 이익의 30%를 주었다고 한다. 그 사람도 처음엔 양심의 가책으로 무척 힘들어했지만 시간이 흘러도 아무 문제가 없자 두둑해지는 지갑에 쾌감을 느꼈다고 한다.

꼬리가 길면 잡히는 법이다. 악행의 동반자였던 상사가 퇴직하는 과정에서 부정행위가 발각되고 그의 인생도 나락으로 굴러 떨어지기 시작했다. 그때 그의 나이 45세였다. 회사는 그를 법의 심판에 넘기면서 해고 처분을 내렸다. 10년 넘게 악마의 유혹에 굴복하며 살았던 인생의 종말은 너무 참담했다. 묵자(墨子)는 유혹에 흔들리기 쉬운 40대를 위해 이런 충고의 말을 남겼다.

———

군자는 물을 거울로 삼지 않고 사람을 거울로 삼는다. 물을 거울로 삼으면 얼굴을 볼 수 있을 뿐이지만, 사람을 거울로 삼으면 길흉을 알 수 있다.

君子 不鏡于水 而鏡于人. 鏡于水 見面之容, 鏡于人 則知吉與凶.

———

　타인의 성공을 롤모델로 삼아 그의 삶을 닮으려고 노력하는 것도 중요하지만, 타인의 실패를 타산지석으로 삼는 것이 더 중요하다는 뜻으로 받아들여도 좋은 말이다.

[영리한 토끼의 피난처]

40대는 크든 작든 한 조직의 리더로 아랫사람을 지도할 위치에 있게 된다. 부정한 일에 자신을 내던지거나 아랫사람에게 그런 일을 강요해서는 긍정적인 삶이 구축될 리가 없다.

　도량이 크다는 의미의 '청탁병탄'은 어디까지나 '맑은 것'을 받아들이는 것이 기본으로, 자칫 '탁한 것'에 오염될 우려가 있으면 애초에 피하는 게 좋다. 요컨대 맑은 것을 위해 다소간의 탁한 것을 받아들이는 따위의 타협은 안 된다는 것이다.

　40대는 특히 그런 유혹을 많이 마주하게 되는데 그럴 때는 자녀들의 눈으로 자신을 돌아보는 태도가 필요하다. 만약 아이가 '아빠, 요즘 무슨 일을 하고 있어요?'라고 물었을 때 당당하게 대답할 수 없다면 그런 일은 절대로 해서는 안 된다는 말이다. 탁하고 추한 행위를 감추며 되지도 않는 말로 아이를 안심시킨다면, 들통 났을 때 일어날 부작용은 평생의 짐이 될 것이다. 《채근담》에 이런 글이 있다.

교묘한 솜씨가 있어도 서툰 것처럼 하고, 밝게 보는 지혜가 있어도 어두운 척하며, 맑더라도 혼탁한 물에 섞어버리고, 허리를 꼿꼿이 세우는 당당함보다 먼저 굽실거릴 수 있다면 험한 세파를 헤쳐 나가는 편안한 수단이 될 것이요, 아울러 피난처가 되는 굴을 세 개나 가진 영리한 토끼처럼 살아갈 수 있을 것이다.

藏巧於拙, 用晦而明, 寓清于濁, 以屈爲伸, 眞涉世之一壺, 藏身之三窟也.

이를 현대적으로 해석하면 이렇다.

"자신의 재능을 함부로 내세우지 말고, 보이지 않는 것에서 착실히 지혜를 닦으며, 몸은 비록 속세의 진흙탕에 있더라도 자기 신념에 따라 살면서 항시 몸을 낮춰 처신하면서 후일의 비약에 대비해야 한다."

현인들은 한 치 앞을 내다볼 수 없는 혼돈의 세상에서 안전하게 자기 몸을 지탱할 수 있는 비결은 스스로 몸을 낮춰 처신하는 데 있다고 말한다. 이는 얼핏 보기엔 대단히 소극적인 태도 같지만, 함부로 나대다가 어디서 날아오는지도 모르는 화살에 상처를 입게 되는 불행을 사전에 대비하는 지혜로 받아들이면 좋을 것이다.

이런 가르침은 부정이나 악행이 횡행하는 세상을 살고 있어도 탁류에 휩쓸리지 말고 맑고 깨끗한 청빈의 삶을 지향하라는 뜻도 된다. '청빈(淸貧)'의 사전적 의미는 성품과 행실이 곧고 탐욕이 없어 가난하다는 뜻이지만, 기독교에서는 청빈을 'poverty'라 하여 물질적 결핍이 아니라 물질적 소유욕에서 해방된 자유로 규정한다.

악행의 근원에는 대부분 돈과 관련된 문제들이 도사리고 있다. 물질만능주의가 팽배한 현대를 살면서 돈의 사슬에서 완전히 벗어날 수는 없지만, 섣불리 돈의 유혹에 무릎을 꿇는 어리석음은 저지르지 말라는 뜻이 '청빈'이라는 말 속에 담겨 있다. 《논어》는 청빈하게 살아가는 리더의 방식에 대해 이렇게 말하고 있다.

——

백성을 정치로 인도하고 형벌로 다스리면, 백성들은 형벌을 면하고도 부끄러움이 없다. 그러나 덕으로 인도하고 예로써 다스리면, 백성들은 부끄러워 할 줄도 알고 또한 잘못을 바로잡게 된다.

道之以政, 齊之以刑, 民免而無恥, 道之以德, 齊之以礼, 有恥
且格.

——

　공자의 가르침은 수많은 법과 규칙, 제도가 거미줄처럼 얽혀 있
는 현대사회에도 적용된다. 대부분의 국가는 엄격한 법과 형벌로
국민을 이끌고 사회를 구축하지만, 세상이 발전할수록 교묘하게 법
망을 빠져나가는 사람들이 증가하고 있다. 이는 '악행을 부끄럽게
여기는 태도'를 마음속에 꽁꽁 가두었기 때문이다.
　진정한 리더는 스스로 도덕적인 규범을 지키면서 부하들에게 부끄
러움이 없도록 행동하라고 가르친다. 이것이 리더의 역할 중에서 가
장 중요한 일이고, 좋은 집단은 그렇게 함으로써 더욱 견고하게 기반
을 다져나간다.

[사자와 여우를 겸비한 리더]

《맹자》에는 리더에게 사람의 진면목을 알아보는 눈이 있어야 한다는
사실을 강조하는 내용이 나온다. 아무리 학덕이 높은 군자라도 세상
물정에 어두우면 교활한 사람들에게 속아 넘어갈 수 있음을 경계하

는 것이다.

정(鄭)나라의 재상 자산(子産)은 춘추시대 개혁정치의 물꼬를 튼 인물이다. 정나라는 원래 소국인 데다 북쪽으로는 진나라, 남쪽으로는 초나라의 틈바구니에 끼어 늘 존립을 위협받고 있었고 나라 질서도 어지러워서 언제 멸망할지 모르는 형편이었다.

하지만 자산이 정나라의 재상에 오르면서 차츰 회복세를 보여 파산 직전이었던 나라가 눈에 띄게 소생하고, 나라의 질서도 잡혀 어느 나라도 함부로 얕잡아볼 수 없는 위치가 되었다. 이 모든 것은 자산의 탁월한 정치력과 리더십 덕분으로, 정나라 국민들은 자산을 진심으로 존경했다.

그러나 그런 자산을 교묘히 이용하는 비열한 사람도 있었다. 어느 날 자산이 지인으로부터 커다란 물고기를 선물 받았다. 자산은 살아 있는 물고기를 잡아먹을 수 없다며 하인을 불러 물고기를 연못에 넣어 살게 하라고 일렀다. 하지만 하인은 물고기를 날름 잡아먹고는 태연히 연못에 넣어 두었다고 했다. 자산은 그런 줄로만 알았다. 이에 하인이 이웃사람들에게 말했다.

"누가 자산을 지혜 있는 사람이라 하는가? 내가 잡아먹은 것도 모르고 물고기가 연못에 잘 있겠구나 하며 좋아하니, 이처럼 어리석은 사람도 없을 것이다."

오늘의 기업사회에도 이런 악질들이 적지 않다. 상사 앞에서는 열심히 일하는 척 땀을 흘리며 회사에 충성하는 자세를 보이지만 아무도 없을 때는 일하고는 담을 쌓고 회사와 상사들에 대한 불평과 불만을 늘어놓는 사람들 말이다.

회사에서 회계 부정을 저지르는 이들은 대부분 평소에 성실하다는 평가를 받던 사람들이다. 거래처 관리를 하면서 부당이익을 취하다 발각되는 사람들 역시 모범사원으로 손꼽히던 인물이라는 말이 있다. 사람의 진면목을 알아보는 눈이 얼마나 필요한지는 오늘의 기업사회에서 조직을 이끄는 대부분의 리더들이 절감하고 있다.

조직을 이끄는 많은 리더들이 '신상필벌'의 중요성을 알고 있다. 그러나 '신상'은 몰라도 '필벌'을 현실에서 냉정하게 적용하기란 쉽지 않다. 기업사회에서 일어나는 대부분의 사건과 사고는 징벌의 시기를 놓치거나 섣부른 자비를 베풀어서 생긴다. 중국 남송 때 나대경(羅大經)이라는 학자가 쓴 《학림옥로(鶴林玉露)》에는 리더로서 필벌의 엄중함을 온몸으로 실천한 사례를 소개하고 있다.

북송(北宋) 때 장괴애(張乖崖)라는 사람이 어느 고을의 현령으로 있을 때였다. 장괴애가 관아를 순찰하던 중에 창고에서 튀어나오는 하급관리와 마주쳤다. 당장 붙잡아 조사해보니 그 관리는 창고에서 엽전 한 닢을 훔쳐 나온 것이었다. 곤장을 치려고 하자 그가 고개를 빳빳이 쳐들고 따졌다.

"이까짓 엽전 한 닢 훔친 게 뭐 그리 큰 죄입니까?"

장괴애가 크게 노해서 말했다.

"하루에 한 닢씩 훔친 것이 천 날이면 천 푼이 된다. 새끼줄로 톱질을 해도 나무가 잘라지고, 물방울이 떨어져 바위를 뚫는다 하지 않느냐!"

장괴애는 차고 있던 칼로 도둑질을 한 그의 목을 내리쳤다.

마키아벨리는 《군주론》에서 도처에 함정이 도사리고 있는 세상에서 군주는 여우와 사자를 겸비해야 한다고 썼다. 사자는 늑대를 이기지만 함정에 빠지기 쉽다. 반면 여우는 늑대를 이길 수 없지만 함정에 빠지지 않는다. 함정을 알아차리기 위해서는 여우가 되어야 하고 늑대를 물리치기 위해서는 사자가 되어야 한다는 뜻이다.

그런 의미에서 도둑질한 관리의 목을 친 장괴애는 늑대를 물리친 사자와도 같은 존재다. 당신이라면 똑같은 상황에서 단호한 결단력을 발휘할 수 있겠는가? 인생은 자기 자신이 온전히 감당해야 하는 것이다. 40대는 정글 같은 세상에서 덫에 빠지지 않고 살아남기 위해 여우의 영리함과 사자의 위엄을 동시에 갖춰야 한다. 당신은 지금 그런 자질을 갖추기 위해 노력하고 있는가?

도전의 습관

저돌적이지 않은
40대는 매력이 없다

자리에 연연하는 순간 삶은 퇴보한다.

인생이란 끝날 때까지 끝없는 승부를 치러야 한다.

40대는 아직 인생의 폭을 넓혀야 할 시기이다.

색깔이 다른 사람들과 교류하여

내 삶을 최대한 폭넓게 개척하라.

[수비적인 태도가 인생을 갉아먹는다]

"40대에 접어들면서 자기 자신을 고정된 틀 안에 가두고 매사에 수비적인 태도로 나가는 것은 옳지 않다."

내가 40대들에게 자주 하는 말이다. 40대 중반의 문턱을 넘게 되면 오랫동안 꿈꿔왔던 자리에 오르는 사람들이 많다. 조직을 이끄는 간부가 된 직장인도 있고, 자기 사업을 크게 확장해서 큰돈을 번 자영업자도 있다.

이때가 되면 고단했던 청춘에 대한 기억도 서서히 잊혀 가고, 나름 취미활동에 빠지는 등 안온한 시간을 갖게 된다. 그런데 '여기까지 잘해왔다. 이제 중간관리자로서 특별한 일이 없는 한 정년까지 보장되니, 좀 편안히 지내야겠다!' 하며 한숨을 돌리는 사람들이 있다. 특히 대기업에 다니는 사람들에게 이런 현상이 많이 나타난다.

이들은 축구경기로 치면 선제골을 넣었으니 이제 경기가 끝날 때까지 천천히 뛰겠다는 기분으로 스스로를 무사안일의 틀 안에 가두는 사람들이다. 문제는 이런 생각을 하는 순간, 지금까지 적극적이고 공격적으로 일해 왔던 태도를 버리고 매사에 수비적인 자세를 취하게 된다는 점이다.

전반전에 한 골을 넣고 후반전에 돌연 11명 전원이 골대 앞에 늘어서서 수비만 하게 되면 어떻게 될까? 선수들은 무의식적으로 위축되어 결국엔 언제 골을 먹을지 모르는 불안감으로 경기를 소극적으로 임한다. 설령 이런 식으로 승리를 거둔다 해도 축구 자체를 즐길 수 없었기에 이겼다는 마음은 들지 않을 것이다.

일도 마찬가지다. 인생이란 죽는 날까지 승부가 이어지는 것인데, 40대에 벌써 수비 작전에 들어간 채로 인생의 중반을 넘게 되면 남은 인생을 편안하게 보낼 수 있다 해도 진짜 행복과는 거리가 멀어질 수밖에 없다.

매사에 수비적인 태도를 고집하면 당연히 새로운 일에 도전하는 마음도 약해진다. 40대라는 나이에 도전하고 모험하는 삶을 회피하게 되는 것이다. 이런 식으로 나가면 무슨 일을 해보기도 전에 잘 안될 것이라는 부정적인 예측을 하게 된다. 이것이 습성이 되면 결과는 보나마나다.

이런 생각으로 기울어버릴 때는 《논어》에 나오는 '금여획야(今汝畫也)'라는 말을 마음에 담아 경계하기 바란다. 이는 공자가 제자 염구(冉求)와 문답을 할 때 마지막에 한 말이다. 어느 날 염구가 공자로부터 가르침을 받다가 이렇게 말했다.

"제가 선생님이 말씀하시는 도(道)를 좋아하지 않는 것은 아니지만, 아무래도 제 능력이 부족합니다."

이에 공자가 말했다.

"능력이 부족한 자는 도중에 가서 그만두게 되는 법인데, 지금 너는 아예 시작도 하기 전에 미리 선을 긋고 물러나는구나."

어떤 일에 도전해보지도 않고 스스로 가능성이 없다며 울타리 안에 몸을 숨기는 태도를 꾸짖는 것이다. 40대에 수비적인 태도를 취하는 사람은 염구와 같다. 자기 멋대로 한계를 정해놓고 자신의 가능성을 차단하는 태도로는 미래를 자기 것으로 만들 수 없다.

20대, 30대 시절로 돌아가 보라. 그때는 온통 해본 적이 없는 일뿐이었다. 그렇게 황무지 같은 삶에서 새로운 일에 도전할 때마다 자신에게 없던 능력이 개발되면서, 커다란 성취감을 얻었다.

이런 경험 덕분에 40대는 이미 새로운 자신과 만나는 기쁨을 잘 알고 있다. 그때의 하늘 높이 치솟았던 기분을 되새기기 바란다. 이런 기분으로 수비적인 자세에 들어가려는 마음을 걷어 차 버려야 한다. 40대는 아직 공격의 시기다. 수비적인 자세로 들어가려는 태도는 바꿔 말하면 인생의 여정에서 부딪히게 되는 벽을 뛰어넘으려 하지 않고 벽장 속에 몸을 숨기는 것과 같다.

얼마 전 TV에 나온 저명한 의사는 평균수명이 늘어난 오늘날의 40대는 육체적으로나 정신적으로 예전의 30대 초반에 해당한다고 설명했다. 나는 이 말에 전적으로 동의한다.

40대야말로 자기 삶의 본격적인 노선을 재구성해서 앞으로 나가는, 인생의 실질적인 출발점에 서는 시기다. 이런 중대한 시점에 인생을 수비 작전으로 대응해 나간다면 자기도 모르는 사이에 궁지에 몰려 옴짝달싹하지 못하는 신세가 되고 말 것이다.

[최대한 인맥을 넓혀라]

나는 40대들에게 이렇게 권고하곤 한다.

"마흔 살부터는 특정한 사람들하고만 사귀면 안 됩니다. 더 많은 사람들을 만나 계속 자신의 세계를 넓혀 나가세요."

40대 직장인들은 조직의 힘을 결집시켜 최상의 결과를 이루어내야 한다는 요구를 끊임없이 받는다. 같은 나이의 비즈니스맨은 최대한 튼튼한 발판을 만들어 몇 년 안에 멋지게 도약하자고 다짐할 시점이다. 이런 목표를 이루려면 어떤 상황에서도 혼자 힘으로 버텨낼 수 있는 강인함을 지녀야 한다. 강인함이 있어야만 집단의 구성원들과 최강의 팀워크를 구축해서 하나의 뜻 아래 더불어 일해 나갈 수 있다.

자신을 더 강하게 만들고, 동시에 조직의 결속력을 최고로 만들기 위해서는 어떻게 하면 좋을까? 이때 가장 주의해야 하는 것이 특정한 사람들과 이해관계로 엮이는 문제다.

사람들은 흔히 사회인이 되면 모든 인간관계에 '이익'이라는 개념이 끼어들기에 순수한 인간관계를 만들기 어렵다고 말한다. 실제로 대부분의 40대들이 인간관계의 매듭을 이익으로만 엮으려는 경향을 보인다. 단언컨대 그것은 첫 번째 매듭부터가 잘못된 것이다. 《논어》에 이런 글이 나온다.

군자는 여러 사람과 조화를 이루면서도 당파를 만들지 않고,

소인은 당파를 만들면서도 여러 사람과 조화를 이루지 못한다.

君子 周而不比 小人 比而不周.

이 말을 현대적으로 다시 쓰면 이렇다.

"40대에 들어서 특정한 사람과 어울려서는 안 된다. 주위에 무슨 일이든 좋다고만 하는 예스맨 부하들만을 두고, 반대하고 비판하는 사람은 멀리하면서 파벌을 만드는 태도는 가장 피해야 한다."

말하기는 쉽지만 행동하기는 어렵다. 40대가 되어 입맛에 맞는 사람들하고만 어울리지 말라는 충고에 선뜻 머리를 끄덕이지만, 입만 열면 반대와 비판을 일삼는 사람들을 가슴으로 품기는 어렵다.

그럼에도 불구하고 40대는 의견이 다르고 색깔이 다른 사람들과 폭넓게 교류하면서 자신의 세계를 넓히는 노력이 필요한 시기임을 가슴에 새겨야 한다. 이런 마음가짐이 인맥이라는 재산을 넓히는 출발점이다.《명심보감(明心寶鑑)》에 이런 말이 있다.

군자의 사귐은 담백하기가 물과 같고

소인의 사귐은 달기가 단술과 같다.

君子之交淡如水 小人之交甘若醴.

——

군자는 잘나가는 친구가 있어도 더 친해지려고 애쓰지 않고, 친구가 어렵게 되었다 해도 멀리하지 않는다. 반면에 소인은 처음 사귈때는 온갖 좋은 말로 친밀감을 나타내지만 처지가 변하면 무시하고박대한다. 이 말에서 다음과 같은 교훈을 이끌어낼 수 있다.

"40대는 이제 하나의 완전한 인격체이기에 특정한 사람과 딱 붙어무리를 만들지 말고 혼자서라도 당당히 행동할 수 있어야 한다. 항상물처럼 담백하게 폭넓은 인간관계를 맺으며 살아라."

40대가 되면 이제 자기만의 세계에서 과감히 뛰쳐나와 보다 폭넓은 분야의 사람들, 다양한 개성을 가진 사람들과 교류하여 자신의 폭을 최대한 넓혀야 한다는 뜻이다.

40대는 조직의 리더로서 더 강한 집단을 구축해야 하는 책임을 떠맡게 된다. 이때의 키워드를 나는 '뜻(志)'이라고 생각한다. 하나의 뜻으로 모인 집단만큼 강한 팀은 없다. 이때 리더는 조직원들에게 일일이 뜻을 전파하고, 그 아래 단단히 결속한다. 그렇지 않은 조직은 사람들이 제멋대로 생각하고 행동하여 오합지졸이 되어버리고 만다.

병서로서만이 아니라 '인생지침서'로 읽어도 손색없을 정도로 삶에 관해 풍부한 가르침이 가득해서 동서양을 넘나들며 만인의 사랑을 받는 《손자병법》에서는 이를 '상하동욕자승(上下同欲者勝)'이라 표현한다. 위와 아래가 같은 욕망을 공유하면 승리한다는 뜻이다.

무엇을 목표로 어떻게 일을 처리할지에 대해 조직원들이 하나하나 세밀하게 공유해서 각자의 위치에서 해야 할 일을 한다. 이렇게 뭉친 조직의 맨 앞자리에서 깃발을 흔드는 것이 40대 리더에게 주어진 책임이자 역할이다.

[마음의 여유를 찾아라]

대부분의 40대들이 푸념처럼 이렇게 말한다.

"일이 너무 바빠서 잘 시간도, 가족과 같이 지낼 시간도, 쉴 시간도, 놀 시간도, 공부할 시간도 없다. 저축한 돈도 별로 없고 체력도 약해졌다……."

40대는 엄청나게 활동해야 하는 시기이기 때문에 바쁜 것은 어쩔 수 없는 일이다. 그러다 보니 여유로운 시간은커녕 점점 일에 매몰되어 정신이 없고, 일한 만큼의 대가로 특별하게 모아놓은 돈도 없다. 이것이 40대들이 떠안고 있는 현실임을 부인하지 못한다.

문제는 분주함이 마음의 여유를 상실하는 상황으로 이어지면 곤란하다는 것이다. 원래 분주하다는 것은 물리적인 문제이고, 여유는 마음의 문제다. 따라서 아무리 바쁘더라도 마음에 여유가 있으면 '일에 빠져 지내느라 인생이 망가졌다'는 낭패감과는 거리가 멀어질 것이다.

이런 사람일수록 시간이 조금 더 있으면 마음에 여유가 생길 것이라고 믿지만, 마음의 여유란 남아도는 시간에서 찾아내는 것이 아니라 현재의 상황 속에서 만들어내는 것이다. 바쁠수록 마음에 여유를 갖고, 여유로울수록 앞으로의 일에 대비해 마음에 긴장감을 늦추지 말아야 한다.《채근담》에 이런 말이 있다.

———

사람은 한가한 때일수록 다급한 일에 대처하는 마음을 마련하고,

바쁜 때일수록 여유 있는 마음을 가져야 한다.

閒時 要有喫緊的心事, 忙處 要有悠閒的趣味.

———

그렇다면 여유를 갖고 일을 대처하기 위해 어떻게 하면 좋을까? 역설적인 말이지만, 몇 번이라도 절박한 상황에 스스로 빠져보는 것이 필요하다. 그렇게 되면 고민하는 가운데 목전의 사태에 어떻게 대응하면 좋을지 경험적으로 알게 된다.

어떤 문제에 대해 대응하는 방법을 알면 당연히 마음에 여유가 생긴다. 그런 일에 익숙해지면 다가올 상황을 예측하는 능력까지 기를 수 있다. 이런 능력이 생기면 언젠가 닥칠 불행한 상황에 대해 '급히 손을 쓰지 않으면 안 된다', 또는 '이 문제는 나중에 처리해도 괜찮다' 같이 정확히 판단하여 방법을 찾을 수 있게 된다.

20대, 30대는 일에 집중해서 실력을 키워나갈 수밖에 없다. 공부하고 발로 뛰고, 몸으로 부딪치는 과정을 통해 실력을 길러야 하기 때문에 여유가 끼어들 여지가 없다. 이런 과정을 통해 다양한 형태의 절박한 상황을 직접 경험해야만 몸과 정신에 대응력이 생겨 여유를 갖고 일에 부딪칠 수 있다. 40대부터는 여유 있는 사람이 이긴다는 말은 그래서 생겼다.

당신이 아직 절박한 상황에 부딪쳐본 경험이 부족한 40대여도 늦지 않았다. 어떤 난제가 발목을 잡을 때 도망치지 말고 더 적극적으로 일에 맞서보라. 곤란한 문제로부터 도망칠수록 힘들 뿐이라는 생각으로 당당히 부딪치다 보면 자신도 모르게 몸에 저항의 근육이 생길 것이다. 그러면 점점 마음의 그릇이 커져서 그 안에 여유를 담을 수 있게 된다.

마키아벨리는 《군주론》에서 '인간이 어떻게 살고 있는가'라는 문제는 '인간이 어떻게 살아야 하는가'와는 전혀 다른 얘기라고 말했다. 공허한 이상보다 냉엄한 현실을 직시하라는 충고다. 진흙탕을 뒹굴면서 인생의 쓴맛을 보는 것을 피하지 말라는 권고이기도 하다. 40대는 그렇게 살 각오로 험한 세상과 맞닥뜨려야 한다.

40대에 반드시
세워야 할 10년의 계획

계획의 습관　앞으로 10년,
어떻게 살 것인가

40대 어느 한 시점에서는 반드시 1년의 시간을 들여
10년의 인생계획을 세밀하게 만들어라.
어느 시점에 어떤 모습이어야 하는지 분명하게 그려라.
변화무쌍한 세상에 맞서는 단단한 나만의 생존전략을
머리와 가슴에 확실하게 새겨넣어라.

[나만의 목표를 구체적으로 기록하라]

40대는 직업에서나 삶에서나 가장 물이 올라서 일을 잘해낼 수 있을 때다. 그래서 대부분의 40대들은 끝장을 보겠다는 듯이 더욱 일에 빠져서 시간 가는 줄을 모른다. 하지만 당신이 만약 이런 상황에 빠져 있다면 심각하게 자신을 돌아보기 바란다.

이런 삶의 심각한 후유증은, 50대에 이르게 되면 '이제부터 무엇을 목표로 일을 하면 좋을까?'라는 막막함에 빠지게 된다는 점이다. 이런 생각에 빠지기 시작하면 돌연 가슴 밑바닥에 불안감과 두려움이 차오른다. 하지만 지난 세월의 관성에 따라 50대에도 예전 모습 그대로 살아가게 된다.

문제는 그 이후다. 정년퇴직이 가까워질수록 중요한 업무에서 점점 후배들에게 자리를 빼앗기게 되고, 제대로 된 일조차 받지 못한 채 단지 회사에 자리가 있는 사람으로만 낙인찍힐 가능성이 크다. 그다음은 뻔하다. 자기만의 강점이 없는 사람한테는 재취업이나 새로운 일자리가 생길 리 없어 정년과 동시에 오갈 데 없는 신세가 되어버린다. 바로 이것이 대부분의 정년퇴직자들이 현실에서 겪고 있는 문제다.

정년 후의 인생도 30년은 족히 남게 되는 오늘날, 그렇게 오랜 시간을 뚜렷하게 하는 일 없이 지낸다는 것은 너무도 힘든 일이다. 돈을 많이 벌지는 못하더라도 뭔가 일을 하고 있다는 실감을 할 수 없다면 남은 인생을 낮은 자존감에 사로잡혀 살맛이 나지 않는 삶을 근근이 이어가게 된다.

왜 이렇게 되었을까? 이는 40대를 보내는 10년 동안 자신만의 강점을 찾아 최대한 크고 단단하게 길러두지 않았기 때문에 생긴 일이다. 한마디로 말해서 40대 내내 새로운 길을 찾지 않은 안일함과 눈앞의 삶에 근근했던 방향감각의 상실로 인해 벌어진 일이다.

나는 이제 막 40세가 된 사람들에게 무엇보다 먼저 할 일은 앞으로 10년의 인생 계획을 전략적으로, 그리고 전술적으로 세밀하게 세우는 일이라고 말하곤 한다.

전략은 '무엇을 할 것인가(What To)'로 미래에 대해 큰 그림을 그리고, 현재 상황보다 더 나은 상태를 이끌어내는 방향이 무엇인지를 제시하는 장기적이고 근본적인 계획을 말한다. 이에 반해 전술은 '어떻게 할 것인가(How To)'로, 전략적 목표를 이뤄내기 위한 행위와 목적, 일정과 결과로 이어지는 4가지 구성 요소를 말한다. 《손자병법》에 전략과 전술을 잘 조화롭게 운용해야 경쟁에서 이긴다는 의미로 다음과 같이 말하고 있다.

"전략이 있는데 전술이 없으면 이기기가 매우 어렵고, 전술이 있는데 전략이 없으면 패배를 자초하는 길이다."

나는 40대에 인생 계획을 세우면서 제일 먼저 해야 할 일은 '10년 후의 나는 이런 모습이다'라는 구체적인 목표를 세우는 일이라고 생각한다. '이렇게 되면 좋겠다……' 정도의 막연한 희망만으로는 부족하다. 구체적인 목표를 설정해놓고, 이미 목표를 달성한 자신의 모습을 상세하고 리얼하게 그려보라는 것이다.

여기서 한 걸음 더 나아가서, 그 목표로부터 역산해서 어느 시점에 어떤 모습이 되어야 하는지를 같은 방법으로 그려본다. 예를 들어 '45세에 현재 부서에서 부장이 되고, 이러저러한 프로젝트를 성공시킨다' 같은 구체적이고 분명한 그림을 그리는 것이다. 이렇게 미래

비전을 아주 상세하고 리얼하게 그리는 것이 중요하다.

　나는 지금 '무엇이든 강렬하게 원하면, 그 꿈을 반드시 이룰 수 있다'는 식의 자기계발을 위한 책에 곧잘 등장하는 성공 법칙을 말하는 게 아니다. 나의 이야기는 인생의 장기 전략으로서 현실적이고 구체적인 이미지가 우리에게 미치는 강력한 힘에 관한 것이다.

　여기에도 요령이 있다. 이미지를 머릿속으로만 그리면 시간이 지나면서 흐릿해진다. 때문에 종이에 분명하게 기록해둬야 한다. 여기에 '나의 40대 자서전' 같은 제목을 붙여서, 자신의 이미지에 맞는 사진이나 일러스트를 덧붙인다면 더욱 현실감이 늘어날 것이다.

　물론 이런 세밀한 인생 계획은 하루아침에 그려질 리 없다. 40대의 어느 시점에 1년 정도의 시간을 들여 세워나가면 좋다. 이때《손자병법》을 참고하면 좋을 것이다. 손자는 국가 중대사인 전쟁을 벌일 때는 다음과 같은 사항을 유념하라며 이렇게 말한다.

———

　다섯 가지 기본 요소를 핵심으로 분석하고 일곱 가지 계획에 따라 정세를 비교해 보아야 한다.

　經之以五事 校之以七計 而索其情.

———

손자가 말하는 다섯 가지 항목을 '오사(五事)'라 하고 일곱 개 사항을 '칠계(七計)'라 하는데, 그 내용은 다음과 같다.

〈장수가 전쟁에 임하기 전에 반드시 조사해야 할 다섯 가지 항목〉

1. 도(道) : 백성과 군주를 일심동체로 만들어 생사를 함께할 수 있게 하며 위험을 불사하게 한다.

2. 천(天) : 전쟁을 벌임에 있어 낮과 밤, 추위와 더위, 맑거나 흐림, 계절 등 시기에 따른 조건을 분별한다.

3. 지(地) : 거리의 멀고 가까움, 지세의 험하고 평탄함, 지역의 넓고 좁음, 지형의 유리함과 불리함 등 지리적 조건을 따진다.

4. 장(將) : 장수의 지모와 신의, 인자함, 용기, 위엄 등 장수가 반드시 갖춰야 할 기량에 관한 문제를 두루 살핀다.

5. 법(法) : 군대의 편성, 책임 분담, 군수물자의 관리 등 군제에 관한 문제를 살핀다.

〈장수가 전쟁에 승리하기 위해 반드시 파악해야 할 일곱 가지 사항〉

1. 어느 쪽 군주가 더 훌륭한 정치를 펼치고 있는가?

2. 장수는 어느 쪽이 더 유능한가?

3. 하늘의 시기와 땅의 이점은 어느 쪽이 더 유리한가?

4. 법령은 어느 쪽이 더 철저한가?

5. 군대는 어느 쪽이 더 강한가?

6. 병졸은 어느 쪽이 더 잘 훈련되어 있는가?

7. 상벌은 어느 쪽이 더 공정하게 집행되고 있는가?

손자는 이러한 기본 원칙을 이해하고 적절히 운용하는 장수는 이기고, 알지 못하는 장수는 결코 이기지 못한다고 단언한다. 이를 이 책의 취지에 맞게 다시 설명한다면 오사는 10년의 계획을 세울 때 필요한 다섯 가지 관점을 말하고, 칠계는 10년 후의 자신과 지금의 자신을 비교해서 미래에 결코 부족하지 않을 능력을 명확히 하는 것을 말한다고 할 수 있다. 여기서는 일단 '오사'에 대해서만 짚고 넘어가보자.

1. 도(道) : 10년 후의 자신을 리얼하게 머릿속에 그려서 생각과 행동이 하나가 되도록 묶는다. 일뿐만이 아니라 취미생활이나 하루하루의 소소한 일상도 모두 하나의 목표를 이루기 위한 과정에 속한다고 생각하고 10년 계획의 틀 안에서 행동하라.

2. 천(天) : 시대의 요청에 응할 수 있으려면 언제 어떻게 행동을 취하면 좋을지를 항상 염두에 두어야 한다. 그래야 시대가 자신이 하는 일에 순풍이 될 수 있도록 만들 수 있다.

3. 지(地) : 10년 후에 자신이 어느 분야에서 활동할지를 명확히 하라. 자신에게 맞는 분야, 경쟁이 별로 없는 오직 하나뿐인 분야, 세계에 진출할 수 있는 전망이 있는 분야, 자신의 자질과 능력을 최대한 살릴 수 있는 분야 등 밑그림을 분명하게 그려야 한다.

4. 장(將) : 10년 후의 목표를 달성하기 위해 반드시 필요한 능력을 극대화할 방안을 찾고, 실제로 그것을 이루기 위해 노력한다.

5. 법(法) : 10년 후의 나를 엄격하게 규정지었기에 목표 달성을 가로막는 것은 일체 배제할 강한 의지를 갖는다.

이런 식으로 구체적인 미래 계획을 설정하고 꼼꼼히 숙지하면 머리와 몸이 알아서 움직이게 된다. 이것이 바로 뇌과학자들이 말하는 '이미지화(imagination)'의 놀라운 효과다. 심리학에서는 사람은 생각하는 대로 된다고 말하는데, 이는 수많은 성공한 사람들의 삶을 통해 자주 입증되고 있다. 세계 역사상 가장 넓은 대륙을 점유했던 몽골제국의 창업자 칭기즈칸은 이런 말을 남겼다.

"집안이 나쁘다고 탓하지 마라. 나는 아홉 살 때 아버지를 잃고 마을에서 쫓겨났다. 가난하다고 말하지 마라. 나는 들쥐를 잡아먹으며 연명했다. 배운 게 없다고 탓하지 마라. 나는 내 이름도 쓸 줄 몰랐으나 남의 말에 귀를 기울이며 현명해지는 법을 배웠다. 적은 밖에 있는 게 아니라 내 안에 있었다. 나를 극복하는 순간, 나는 마침내 칭기즈칸이 되었다."

1155년생(1162년생이라는 설도 있다)인 칭기즈칸이 몽골제국의 황제가 된 것은 1206년으로, 40대 전부를 천하제일의 대륙을 건설하는 데 바쳤다. 전 세계를 손에 넣겠다는 원대한 꿈을 품고, 그때까지 들판을 떠돌던 유목민족인 몽골족을 규합한 다음 10만 명의 기마병을 이끌고 유럽과 중국, 러시아 대륙을 평정했던 칭기즈칸의 모습에서 '꿈꾸는 인간'의 위대한 발걸음을 발견하게 된다.

[유연하게, 그러나 강하게]

《한비자》에 '쟁선공후(爭先恐後)'라는 말이 나온다. 앞서기를 다투고 뒤처지는 것을 두려워한다는 뜻의 이 말은 치열한 경쟁을 일컫는 고사성어로 유명하다.

조(趙)나라의 어느 대부가 유명한 마부에게 말을 부리는 기술을 배우고는 마차 달리기 시합을 했다. 대부는 자신의 기술이 완벽하다고 믿고 마부와 세 번이나 대결을 했는데도 연달아 패하고 말았다. 이에 대부가 화를 내며 말을 다루는 기술을 제대로 가르쳐주지 않았다고 따졌다. 그러자 마부가 말했다.

"저는 비책을 다 가르쳐드렸지만 대부께서 잘못 받아들이셨습니다. 말을 다루면서 가장 중요한 것은 사람과 말의 마음이 일치되는 것인데, 대부께서는 저를 앞지르고자 초조해하고 앞서 달릴 때는 제가 쫓아오지 않을까 걱정하셨습니다. 말을 달릴 때는 앞설 수도 있고 뒤질 수도 있는데 항상 제게 마음을 쓰니 어찌 말과 일치되어 달릴 수 있겠습니까?"

40대는 변화무쌍하게 변하는 세상과 맞설 방법을 연구하고 대응해야 하는 시기다. 이럴 때 중요한 것은 마차 달리기 시합을 할 때 마부가 말과 마음을 일치시키듯이 일과 마음을 일치시키는 것이다.

20대 때는 실력이 있든 없든 자신의 주장을 마음껏 쏟아내도 좋다. 그러다 좋지 않은 결과를 얻을 수도 있지만, 이런 경험은 자신의 미숙함을 깨닫게 되어 더 큰 사람으로 거듭나는 원동력이 된다. 20대 때 좌충우돌하는 사람일수록 나중에 더 크게 성장한다는 말은 그래서 생겼다. 이런 사람은 몸과 마음에 생긴 웬만한 상처는 대수롭지 않게 여기기 때문에 남의 눈에는 보이지 않는 힘이 축적되어 남다른 성취를 이뤄나갈 수 있는 것이다.

조직사회를 들여다보면, 30대는 연대 플레이를 잘해내는 능력이 있는 사람이 앞서나간다. 이에 비해 40대는 지난 세월 배우고 익힌 것들을 실제 현장에서 써먹으며 경쟁자들과 격렬하게 다투는 시기다.

이 또한 싸움인 이상 반드시 이겨야 하지만, 그러나 상대를 무자비하게 때려눕히는 걸 목적으로 하는 싸움에 쓸데없이 에너지를 낭비해서는 안 된다. 어디까지나 상황을 나에게 유리하게 전개하기 위한 전략으로 임해야 한다는 뜻이다.

"여기서 사람들과 부딪치더라도 내 주장을 분명히 펴겠다."

"여기서는 본의가 아니더라도 내가 일단 한 발 물러나고 타협안을 찾는 편이 좋겠다."

40대에는 이런 식으로 상대와 상황에 맞춰서 강하게, 때로는 유연하게 대응해 나가야 한다. 《손자병법》에는 40대들이 '부드럽고, 강하게' 자신의 일을 처리하도록 만드는 조언이 나온다.

———

일반적으로 전쟁은 정병(正兵)으로 맞서고 기병(奇兵)으로 승리한다.

凡戰者 以正合 以奇勝.

———

전쟁에 임해서는 정공법으로 시작하되, 결국 이기게 하는 것은 절묘한 전략전술이라는 뜻이다. 이 말을 이 책의 테마에 맞춰서 다시 말하자면, '40대는 다양하고 풍부한 싸움법을 알아야 한다'는 것으로 바꿔도 좋을 것이다. 20대, 30대 시절을 유도 시합에 비유하면, 상대를 전광석화처럼 단번에 쓰러뜨리는 기술 하나면 충분하다. 하지만 40대가 되면 열 번을 싸워도 매번 다른 전략으로 맞서야 한다.

내게 수많은 경험이 축적되어 있듯이 상대 또한 그럴 것이기에 힘만으로 상대를 제압하는 단순한 기술은 먹히지 않는다. 이때 싸움 기술에서 중요한 것은 기본 능력들을 어떻게 결합하느냐, 얼마만큼 전술을 조화롭게 발휘하느냐다. 기술의 결합이 다양하고 풍부할수록 어떤 상황에서도 유연하게 대처해나갈 수 있다.

가령 직장인이라면 보기, 듣기, 말하기, 쓰기, 생각하기를 두루 갖춰야 능력 있는 인재라는 평가를 받는데 만약 당신이 '보기' 하나만 잘할 수 있다면 어떻게 할까?

먼저 현재 몸담고 있는 업계 상황을 누구보다 잘 보고 분석할 힘을 길러낸다. 여기에 더해 분석 결과를 면밀히 생각하고 프레젠테이션 하는 능력을 보탠다면 회의장에서 남을 압도하는 능력자로 평가받을 수 있을 것이다.

중요한 것은, 자신의 능력 중에서 무엇이 어느 부분에서 최고 효과를 낼 수 있는지를 알고, 이를 다른 능력과 어떻게 다양하고 풍부하게 조합시키느냐 하는 문제다. 그러기 위해서는 손자가 말했던 장수가 승리를 위해 반드시 파악해야 할 일곱 가지 사항인 '칠계'의 항목에 따라 자기 자신에게 항상 이렇게 물어보라.

1. 남보다 분명한 목표를 설정하고 착실히 일하고 있는가?
2. 주위사람들로부터 유능한 사람이라는 말을 듣고 있는가?
3. 하고 있는 일들이 세상의 흐름과 발을 맞추고 있는가?
4. 나를 통제하는 자제력은 언제나 충분히 작동하고 있는가?
5. 목표달성을 위한 조건들을 채워나감으로써 강해지고 있는가?
6. 더 강한 인간으로 만들어줄 능력을 잘 갖춰나가고 있는가?
7. 나에 대한 엄격함은 항상 공정하게 집행되고 있는가?

재기의 습관 **40대엔
회복탄력성이 중요하다**

내 실력을 객관적으로 평가하고,

부족한 부분을 부단히 채워나가라.

삶을 보완하려는 자세에서 회복탄력성이 길러진다.

[뱀처럼, 버드나무처럼]

《손자병법》에는 '최고 경지의 전법은 형태가 없다(形兵之極 至於無形)'
는 유명한 말이 있다. 형태가 없다는 뜻의 '무형'을 보다 쉽게 말하면,
자기만의 전략을 세우되 겉으로 드러나지 않아야 한다는 것이다. 아
군의 체제나 병사의 배치, 전법이 적군에게 전혀 알려져 있지 않은
상황이면 적은 어떻게 싸울지 당황할 것이다. 하지만 이런 상황에서
대책 없이 공격해 들어갔다가 함정에 빠지면 돌이킬 수 없는 상황에
빠지게 된다.

무형의 군대가 되려면 적의 동태를 꿰뚫어보면서 그에 따라 움직일 수 있는 기동력이 필수적이다. 요컨대 모든 움직임이 교과서처럼 하나로 묶이지 않고 상황에 맞춰 가동되도록 설계되는 것이다. 전쟁은 병법서에 있는 이론대로 진행되지 않는다. 만약 병법서가 가르치는 이론만 달달 외워 싸움에 임한다면 승패는 뻔하다.《사기(史記)》에는 병법서에 나열된 이론대로 전쟁에 임했다가 역사상 최악의 패배를 당한 사례가 소개되고 있다.

중국 조(趙)나라의 대장군 조사(趙奢)에게는 괄(括)이라는 아들이 있었다. 어려서부터 대단히 총명해 병법에 두루 통달할 뿐만 아니라 학문에도 출중한 능력을 보여 모두가 장래 최고의 재상감이라는 말을 했다. 하지만 조사가 죽을 때 아내에게 이르기를, 아들은 단지 병법서의 이론에만 정통할 뿐으로 실제 전쟁터에 나가 적과 맞닥뜨리면 병사들은 물론이고 나라마저 위험에 빠뜨릴 수 있으니 절대 대장군이 되지 않게 말려달라고 신신당부했다.

몇 년 뒤, 진(秦)나라가 조나라를 침략하면서 사전에 첩자들을 풀어 '진나라는 조나라의 염파(廉頗) 장군은 늙어서 두렵지 않지만, 혈기왕성한 조괄이 대장군이 되는 것을 몹시 두려워한다'는 유언비어를 퍼뜨렸다. 당시 염파 장군은 고령의 퇴물 장수로서 누가 봐도 조괄의 젊은 패기보다 못했다. 이에 조나라 왕이 당장 조괄을 대장군에 임명하려 하자, 재상 인상여(藺相如)가 간언했다.

"조괄을 대장군에 임명하는 것은 마치 거문고의 기둥을 아교로 붙여놓고 연주하는 것과 같습니다. 그러면 모든 줄에서 오직 하나의 소리만 나는 것과 마찬가지로, 조괄은 단지 병법서만 달달 외웠을 뿐 상황에 맞춰 응용할 줄 모르는 풋내기에 지나지 않습니다."

그러나 조나라 왕은 기어이 조괄을 지휘관에 임명했고, 실전 경험이 없는 조괄은 아버지가 걱정했던 그대로 병법서의 이론대로 곧이곧대로 작전을 펼쳤다가 적군에게 포위되어 오도 가도 못하는 신세가 되고 말았다. 혼비백산한 조괄은 무모하게 탈출을 시도하다가 화살에 맞아 전사했고, 조나라 병사 45만 명은 고스란히 포로가 되어 하룻밤에 전부 생매장을 당하는 중국 역사상 최악의 참패를 당하고 말았다.

세상의 모든 전쟁은 정해진 틀 안에서 정해진 순서대로 벌어지지 않는다. 손자가 말했듯이 '오사'와 '칠계'를 적절하게 배합하여 목전의 상황에 맞게 적용하기 때문에 무궁무진한 전략전술이 동원된다. 오늘을 사는 40대는 바로 이것을 꼭 기억해둬야 한다. 달리 말하자면, 40대는 이제야말로 본격적인 싸움이 전개되는 시점이기 때문에 어떤 전략으로 싸울 것인지 자기만의 '싸움법'을 지니고 있어야 한다는 것이다.

나는 전쟁터에 나간 40대에게 가장 필요한 것이 '복원력'이라고 생각한다. 복원력이란 아무리 곤란한 상황에 빠지더라도 용수철처럼 다시 일어서서 긍정적인 상태로 되돌아가는 힘을 가리킨다. 전쟁이든 비즈니스든 항상 이길 수는 없다. 연속적인 패배에 심신이 최악의 상태에 빠질 때도 있다. 문제는 패배할 때마다 다시 힘차게 일어서는 복원력이다.

이를 심리학에서는 '회복탄력성(resilience)'이라고 한다. 원래 있던 자리로 돌아오는 힘을 뜻하는 이 말은 살면서 부딪치는 다양한 역경과 시련과 실패를 오히려 도약의 발판으로 삼아 더 높이 튀어 오르는 마음의 근력을 가리킨다.

물체마다 탄력성이 다른 것처럼 사람마다 탄력성이 다르다. 그런데 벽에 심하게 부딪쳐 밑바닥까지 떨어졌다가도 강력한 회복탄력성으로 다시 튀어 오르는 사람들은 대부분 원래 있었던 위치보다 더 높은 곳으로 올라가는 공통점이 있다.

조직사회도 마찬가지다. 커다란 성취를 이뤄낸 조직을 보면, 단번에 목표에 도달한 경우는 거의 없고 무수히 많은 역경과 실패를 뛰어 넘은 공통점이 있다. 흔히 대기업이라 불리는 회사들은 겉보기엔 무사태평으로 정점에 오른 것 같지만 내부적으로 엄청나게 많은 고민거리들을 하나하나 해결하면서 꼭대기에 오른 것이다.

앞을 가로막는 불행이나 역경에 대해 어떤 의미를 부여하느냐에 따라 전혀 다른 길을 걷게 된다는 것은 우리 삶의 불변의 법칙이다. 따라서 인생이든 일이든 긍정적인 눈으로 바라보는 습관을 들이면 회복탄력성이 놀랍게 향상된다.

40대에는 곤란한 상황에 빠질 때마다 핑계를 대거나 변명하지 말고 회복탄력성을 최대한 발휘해서 계속 싸워나가야 한다. 이런 힘을 지니지 못한 40대는 불의의 펀치를 맞고 쓰러진 권투선수가 경기를 포기하고 바닥에 드러눕는 상황과 마찬가지가 된다. 《손자병법》에는 이런 경우를 위한 또 하나의 조언이 있다.

———

군대를 잘 다루는 장수는 솔연과 같이 처신한다.
善用兵者 譬如率然.

———

'솔연(率然)'은 중국 최고 명산으로 유명한 성산에 사는 전설 속의 뱀이다. 솔연의 움직임은 매우 민첩하고 부드러워서 머리를 때리면 꼬리로 되받아치고, 꼬리를 때리면 머리를 치켜들어 공격하며, 배를 때리면 머리와 꼬리를 이용해서 동시에 반격한다. 어디를 어떻게 공격해도 이쪽의 공격을 부드럽게 받아치면서 동시에 반격을 해오는 솔연의 생존 기술을, 손자는 전쟁에 임하는 군대가 반드시 배워야 한다고 강조하는 것이다.

나는 40대들이 이런 솔연의 움직임을 꼭 배워두기를 바란다. 40대 앞에는 아무리 심한 강풍이 불어도 절대 물러서지 않고 끝까지 앞으로 나아가야 하는 숙명이 도사리고 있기 때문이다. 나는 40대들이 솔연처럼, 또는 아무리 심한 바람이라도 버드나무처럼, '부드러운 강함'으로 의연히 맞서기를 바란다.

[자신의 가치를 최대한 높여라]

―

나는 15세에 학문에 뜻을 두었게 되었고, 30세에 확고히 섰으며, 40세가 되어서는 미혹하지 않았다. 50세에는 하늘의 명을 알게 되었고, 60세에는 남의 말을 순순히 받아들였으며, 70세에는 마음 내키는 대로 행해도 법에 벗어나지 않았다.

吾十有五而志于學, 三十而立, 四十而不惑, 五十而知天命,
六十而耳順, 七十而從心所慾, 不踰矩.

—

《논어》에 등장하는 유명한 문장이다. '미혹(迷惑)'이란 무엇에 홀려
정신을 차리지 못하는 상태로 정신이 헷갈려서 갈팡질팡한다는 뜻이
다. 공자는 40세를 세상의 바람에 함부로 흔들리지 않는 시기로 규
정하고 있다.

　사람은 혼란에 빠지면 주위 상황을 객관적으로 보지 못하게 되고,
그렇게 되면 어떤 상황에서도 적절한 판단을 내릴 수가 없다. 그 결
과로 주위사람들로부터 '너는 하는 일들이 뭔가 핀트가 맞지 않는다'
는 비판을 받게 되고, 그러면 점점 자신감이 없어져서 무슨 일을 해
도 시원치 않은 결과를 내게 된다.

　사실 이런 일은 누구에게나 있을 법한 이야기가 아닌가? 심리적으
로 혼란에 빠졌다는 말은 자신의 삶을 관통하는 방식이 뚜렷하지 않
아 외부조건에 마구잡이로 흔들리는 상태를 뜻한다. 공자는 자신은
40세가 되니 다시는 이런 식으로 살지 않게 되었노라고 말하고 있는
것이다.

　삶에 자신감이 있는 사람들은 그때까지 살아오면서 쌓은 지식이

나 경험을 객관적으로 재발견하고 분석해서 '그래, 나는 이렇게 살겠다!'는 확고한 철학을 굳히고 있다. 당신이 아직 그렇지 않다면 심각하게 자신을 돌아보며 스스로의 가치를 생각해 보기 바란다.

나는 40대 직장인들을 볼 때마다 왜들 저렇게 자신의 가치를 제대로 분석하지 못하며 살까 하는 의문이 든다. 그들은 40대가 되어서도 여전히 목표 없는 삶 속에서 조금만 바람이 불어도 촛불처럼 흔들리고 있다. 이는 자신의 가치에 대한 믿음이 없기 때문에 생기는 현상으로, 한마디로 40세에 미혹한 인생을 근근이 이어가고 있다는 뜻이다.

어떻게 하면 자신의 가치를 객관적으로 분석할 수 있을까? 사람은 누구나 스스로에게 관대할 수밖에 없기에 현실적으로 자기 자신을 제대로 판단할 수 없다. 남들은 평균 이하로 평가하는데도 스스로를 100점 만점으로 판단하는 데 인생의 비극이 있다. 나는 자신의 가치가 얼마인지를 고민하는 직장인들에게 이렇게 말한다.

"시험 삼아 헤드헌터를 만나 자신이 얼마에 스카우트될 수 있는지를 물어보라."

만약 나의 말을 듣고 정말로 헤드헌터를 만난다면, 일반적인 직장인의 경우 대략 다음과 같은 말을 듣게 될 것이다.

"과거 실적을 본인의 말만으로는 믿을 수 없습니다. 직장 경험을 말해주는 객관적인 데이터와 관련업계의 평가가 부족하니 스카우트되기 어려울 것입니다."

"희망 연봉을 받으려면 남다른 스펙이 필요한데, 자격증도 특별한 게 없고 경력도 그리 뛰어나지 않으니 좀 힘들 것 같군요."

"관리직에 있다고 하는데, 부하직원들의 수가 너무 적어 매니지먼트 능력에 대한 검증이 힘들겠네요."

이런 식으로 말끝마다 매우 상처가 되는 말을 들을 수 있을지도 모른다. 하지만 그들의 말을 겸허하게 받아들여서 40대 이후의 삶에 참고한다면 그 또한 손해 볼 것은 없다.

대다수 직장인들은 자신의 가치에 어둡다. 자유직업으로 살아가거나 소규모 사업체를 운영하는 사람들은 일에 태만하거나 약속을 지키지 않거나, 뚜렷하게 결과를 내지 못하면 다시는 일을 맡지 못할 것이라는 두려움이 있기에 열심히 일해야 한다는 강한 자각이 있고, 그 때문에 쉴 새 없이 자신을 채찍질한다.

하지만 직장인들에게는 이런 자각이나 강박이 없다. 어쩌다 보니 직장인이 되었고, 월말이 되면 통장에 정확히 월급이 들어와 있다. 이대로 큰 사고만 치지 않는다면 정년까지 무사히 살 수 있기에 스스로를 엄격하게 규제하는 의식이 희박해진다. 눈앞에 아무런 장애물이 없는데, 누가 자신을 힘든 상황으로 몰아붙이겠는가.

40대부터는 절대로 이래서는 안 된다. 정년퇴직한 바로 그 달부터 뒤늦게 통장에 월급이 들어오지 않는 상황을 인식하고서 자신이 마침내 백수가 되었음을 자각하게 되었다면 너무 늦은 것이다.

이런 상황에 처하지 않으려면 40대에 '나는 이것으로 평생 먹고 살 수 있다'고 자신 있게 말할 수 있는 뭔가를 습득해둬야 한다. 바로 이런 태도와 준비가 40세에 미혹함이 없다는 공자의 말과 연결되어 인간으로서 더 강하게 살아갈 수 있는 것이다.

40대에 접어들면서 자신의 실력을 객관적으로 평가하고, 거기에 부족한 부분을 채우는 노력을 더해 50대를 향해 나가라. '나는 은퇴하려면 아직 멀었다'며 자신을 향상시키는 노력을 게을리하면 안 된다. 이것이 40대에 부여된 지상명령임을 항상 가슴에 새기기 바란다. 부족한 부분을 꾸준히 채워나가는 노력 역시 회복탄력성의 하나임은 두말할 필요가 없다.

욕망의 습관 욕망하라,
그러나 절제하라

40대는 자신의 삶을 끌고 나갈 방향을 정하고
본격적으로 날개를 펼치는 시기이다.
그간의 경험과 능력을 더해서 목표를 설정하라.
하나의 욕망에만 집중하고, 열정적인 끈기로 매달려라.

[진심으로 원하는 그 무엇]

한 분야에서 성공한 이들은 대부분 한 가지 목표를 세우고 거기에 열정적인 끈기를 가지고 집중한 사람들이다. 나는 진정한 성공은 '어떤 목적을 향해 집념을 가지고 끝까지 열정적으로 해내는 것'이라고 말하곤 한다.

평균적인 지능에 주위사람들과 별반 다를 것 없는 재능, 그리고 특별할 것 하나 없는 환경을 딛고 일어나 큰 성공을 거둔 사람들은 어떻게 최고의 자리에 올랐을까? 반면에 남보다 월등한 조건과 재능을 타고난 사람들이 형편없는 성취에 머물고 마는 까닭은 무엇일까? 나는 이들의 차이점은 열정을 가지고 끝까지 해내는 집념에 있다고 생각한다.

중국 고전에는 자신의 욕망을 이루기 위해 열심히 살아가는 사람들을 긍정적인 눈으로 바라보는 글들을 자주 발견할 수 있다. 그러나 옛사람들이 중요하게 본 것은 성공이나 행복이라는 결과물이 아니라 그것을 이루기 위해 어떤 발걸음으로 갔는지를 보여주는 과정이었다. 《논어》에 다음과 같은 글이 나온다.

—

부유함과 귀함은 사람들이 바라는 것이지만 정당한 방법으로 얻는 것이 아니라면 누려서는 안 된다. 가난함과 천함은 사람들이 싫어하는 것이지만, 부당하게 그리 되었어도 억지로 벗어나려 해서는 안 된다.
富與貴 是人之所欲也 不以其道得之 不處也
貧與賤 是人之所惡也 不以其道得之 不去也.

—

욕망을 품는 삶은 좋지만 수단방법을 가리지 않고 덤비는 헛된 마음은 절대 안 된다는 충고다. 40대는 자신의 삶을 어디로 어떻게 끌고 나갈 것인지 정하고, 본격적으로 날개를 펼치는 시기다. 그간의 경험과 능력을 더해서 목표를 설정하고, 그것을 위해 구체적인 그림을 그리는 것이다. 만약 당신에게 어떤 욕망이 설정되었다면, 스스로에게 두 가지를 물어보라.

첫째, 그것을 진심으로 원하고 있는가. 혹시 주위사람들이 이구동성으로 가치가 있다고 말하기에 나도 한 발 얹으려는 마음은 아닌가? 이런 식의 욕망이라면 함부로 표출하지 말고 좀 더 시간을 두고 자신을 돌아보면서 결정해도 늦지 않다.

이런 욕망은 타인의 가치관에 비추어서 만들어진 것이기에 아주 위험하다. '내 것'이 아닌 '남의 것'이기에 아무리 겉보기에 화려해도 실속은 전혀 없다. 우리 주변에는 이런 식으로 욕망을 함부로 펼쳤다가 걷잡을 수 없이 추락한 사람들이 많다. 그러니 당신의 욕망이 이렇듯 아무런 근거나 준비도 없이 일시적인 불길로 솟아오른 건 아닌지 점검하라.

둘째, 나의 욕망을 채우겠다는 욕심으로 주변에 불행에 빠지는 사람은 없는지 돌아보라. 욕망의 불길에 사로잡히면 수단과 방법을 가리지 않게 되는 경우가 흔하다. 다른 사람의 희생을 발판 삼아 위로 올라가려고 하고, 남이야 상관없이 나 혼자만 독식하려고 하고, 부정과 결탁해서라도 원하는 것을 손에 넣으려고 한다.

그런 행위가 세상에 받아들여지지 않는 것이 분명한 원칙이고 설령 받아들여진다 해도 잠시뿐, 인간으로서 신뢰를 잃음은 물론이고 얻는 것보다 잃는 게 더 많아질 우려가 크다.

40대는 여러 가지 가능성이 열려 있는 시기라는 점에서 대도시의 로터리와도 같다. 현재 하는 일의 연장선상에서 몇 계단 도약할 수 있는 길이 있는가 하면, 한쪽에 전혀 새로운 분야에 도전해서 자기 삶의 폭을 넓히는 길도 있다.

이때 주의해야 할 점은, 있는 대로 욕심을 부려 몇 가지 가능성에 동시다발적으로 도전하지 말아야 한다는 것이다. '이것도 할 수 있다, 저것도 할 수 있다' 하면서 닥치는 대로 손을 대다 보면 어느 것도 제대로 하는 게 없게 된다. 하나의 목표에 집중하고 열정적인 끈기로 매달리는 것이 최고 실력자로 거듭나는 지름길이다.

《장자》에는 최고 실력자라는 위치에 오른다는 게 어떤 경지인지를 말해주는 이야기가 나온다. 위(魏)나라에 포정(庖丁)이라는 백정이 있었다. 어느 날 그가 왕 앞에서 소를 잡았는데, 눈 깜짝할 사이에 완벽하게 뼈와 고기를 분리해내어 왕을 놀라게 했다. 포정이 감탄하는 왕에게 말했다.

"제가 처음 이 일을 시작했을 때는 소를 보면 겉모습만 보였는데

3년이 지나자 뼈와 근육이 보였고, 19년이 된 지금은 눈을 감고도 칼질을 할 수 있어 칼날이 뼈와 부딪치지 않고도 가죽과 고기를 도려낼 수 있게 되었습니다."

40대는 이런 능력자가 되려는 열정과 욕망의 길에 본격적으로 뛰어드는 시기다. 자신이 준비된 자의 모습인지를 수시로 점검하기 바란다.

[여름 개미는 겨울 추위를 모른다]

중간에 전직하지 않았다면 40대들은 대부분 10년 넘게 한 회사에 몸담고 있을 것이다. 당신은 어떤 편인가? 조금은 매너리즘에 빠져 있지는 않는가?

근속연수가 늘어감에 따라 조직에 흠뻑 빠져버려서 마음이 점점 느슨해지게 된다. 예전처럼 치열하게 덤비지 않아도 관록 하나만으로도 충분히 업무를 감당할 수 있으니 몸과 마음이 모두 느릿해진 채로 안이한 일상을 보내는 것이다.

그러나 50대에도 변함없이 활기차게 일하려면 지금 자기 자리에 엉덩이를 딱 붙이고 앉아서 안정만을 추구해서는 안 된다. 회사에서는 베테랑 소리를 들어도 퇴직 후에 사회에 나가면 모든 면에서 햇병아리 신세라는 마음가짐이 필요하다. 실제로 회사 밖은 험난하기 짝이 없는 가시밭길이다.

장자는 '대롱으로 하늘을 보고, 표주박으로 바닷물을 측정하며, 송곳으로 땅의 깊이를 잰다'는 말로 오늘의 조직사회에서 베테랑이라 으스대는 40대들을 꾸짖는다. 장자의 말을 현대적으로 다시 말하면 이렇다.

"40대는 우물 안의 개구리일 수 있으니 자만하지 마라. 스스로는 일에 능통하다고 자부해도 아직 그릇이 작은 인물이니 잘난 체하지 마라."

《장자》에는 황하에 사는 '물의 신' 하백(河伯)이 자기 세계에 갇혀 살다가 크게 망신을 당하는 장면이 나온다. 하백은 늘 자기가 살고 있는 황하의 풍부한 물과 드넓은 풍광에 감탄하며 자신이 세상에서 가장 큰 물에서 살고 있다고 자부했다.

그러다 어느 해에 황하의 끝을 보려고 동쪽으로 내려가면서 더욱 큰 세상을 보게 되었고, 바다에 이르러서는 끝이 안 보이는 광활함에 더욱 놀라게 되었다. 이때 '바다의 신'인 약(若)이 하백에게 이렇게 말했다.

"우물 안의 개구리에게 바다를 말해줘도 소용이 없는 것은 그가 사는 곳에 매어 있기 때문이고, 여름매미에게 얼음을 말해줘도 소용이 없는 것은 그가 시절에 묶여 있기 때문이다."

오랫동안 몸담고 있는 조직에 흠뻑 빠져 있으면 거기서 얻은 결과만으로도 만족감에 빠지게 되어 시야가 좁아져서 세상의 흐름을 이해하는 능력도 떨어지게 된다. 점점 뜨거워지는 물에 편안히 앉아 있는 개구리가 그곳에 안주하다 마침내 삶아지는 것과 같다.

그렇기에 40대가 되면 자기 자신에게 '나는 무엇 때문에 이 자리에 있고, 어디로 어떻게 가야 하는가?'라는 물음을 계속 던져야 한다. 조직의 울타리 안에서 평화로운 일상에 안주하다가 자신도 모르게 추락의 길로 접어든 40대들이 아주 많다는 사실을 당신도 잘 알고 있을 것이다.

[교만의 칼은 자기 몸을 찌른다]

《채근담》에는 무례한 언행으로 타인에게 상처를 주는 행위를 경계하며 다음과 같은 충고의 말을 전한다.

———

남의 하찮은 과실을 함부로 나무라지 않고,

남의 비밀스러운 일을 함부로 폭로하지 않으며,

남의 과거 악행을 언제까지라도 기억하지 않는다.

不責人小過　不發人陰私　不念人舊惡.

———

가벼운 기분으로 던진 말인데도 상대가 그것을 마음에 꽁꽁 담아 두는 경우가 있다. 사소한 실수에 조심하라는 눈길을 보냈을 뿐인데도 '그렇게까지 비난할 필요는 없지 않은가?' 하며 자신의 실수를 반성하기는커녕 반감을 품는 경우도 있다.

40대는 이 부분을 항시 명심해야 한다. 이런 식의 인간관계가 무서운 점은 자기 자신은 그렇게까지 미움을 받고 있다는 사실을 전혀 깨닫지 못한다는 것이다.

업계의 선배가 내게 해준 말이 있다.

"어떤 일이든 미워하는 쪽보다 미움 받는 쪽이 더 나쁜 것이다."

40대를 중간관리자로 일하든 창업을 해서 개인기업의 사장으로 지내든 아랫사람들의 마음에 나에 대한 미움이 스며들어갈 틈이 없도록 하는 것이 중요하다는 가르침이다. 상대방의 입장에서 생각하고 말하는 습관이야말로 40대에 절대 잊지 말아야 한다.

잘나갈 때일수록 교만하지 말아야 한다는 말도 하고 싶다. 사람은 아무런 근거도 없는 험담을 들으면 크게 상처를 받는다. 더구나 요즘은 인터넷으로 퍼져나가는 속도가 엄청나기 때문에 누군가 억지로 꾸며낸 말의 폭력이 화살처럼 빠른 속도로 세상을 돌아다니다가 마침내 당사자의 가슴에 박혀 돌이킬 수 없는 상처를 낸다.

미움은 분노와는 달라서 단기간에 해소되는 게 아니다. 그렇기에 미움이 켜켜이 쌓이는 상태가 제일 무서운 것이다. 따라서 40대에는 무슨 일이 있을 때마다 '이런 말을 하면 미움을 받지는 않을까?' 하는 조심성을 갖고 행동해야 한다. 그렇게 조심을 해도 상처를 주는 말이나 행동을 해버렸다면, 그렇게 느낀 순간에라도 반드시 사과를 해서 미움이 싹트지 않도록 해야 한다. 이런 문제로 한 번이라도 고민해본 적이 있다면《장자》에 나오는 다음의 말을 가슴에 새기면 좋을 것이다.

곧은 나무는 먼저 잘리고, 맛있는 우물은 먼저 말라 버린다. 스스로 뽐내는 자는 공을 잃게 되고, 공을 이루고 물러나지 않는 자는 실패하게 되며, 명성을 이루고 그대로 머물고자 하는 자는 욕을 보게 된다.

直木先伐 甘井先竭 自伐者无功 功成者墮 名成者虧.

―

역사를 돌아보면, 정상을 목전에 두고도 교만함을 이기지 못해 자멸한 영웅들이 너무도 많다. 대표적인 인물이 초(楚)나라의 항우(項羽)다. 그는 진(秦)나라 말기의 혼란 속에서 한(漢)나라의 유방(劉邦)에 맞서 초한전쟁(楚漢戰爭)을 치른 장수로, 진시황제가 갑자기 죽고 나라가 극심한 혼란에 빠지자 전국에서 요원의 불길처럼 타오른 반란의 대열에서 가장 앞에 섰던 인물이다.

하지만 숙명의 라이벌인 유방을 여러 차례 제거할 수 있었음에도 그의 존재가 보잘것없으니 언제든 제압할 수 있다는 자만심으로 수수방관하면서 세상을 다 가진 듯이 안하무인으로 행동했다. 그러자 차츰 등을 돌리는 신하들이 늘어가고, 백성들 또한 오만무례한 그의 품성에 고개를 돌리기 시작해서 끝내 패배자의 나락으로 굴러 떨어지고 말았다.

항우는 진지한 통찰력이나 군사력보다는 산을 뽑을 만한 자신의 힘과 세상을 덮을 만한(力拔山氣蓋世) 기운을 더 믿었다. 그는 마지막 순간에 자신을 스스로 이렇게 평가했다.

"내가 군사를 일으킨 지 8년 동안 70여 차례 전쟁을 치르면서 단한 번도 패한 적이 없다. 모든 싸움에 이겨서 천하를 얻었으나 여기에서 곤경에 빠졌다. 이것은 하늘이 나를 버려서이지, 내가 싸움을 잘못한 것이 아니다."

항우는 중국 역사상 가장 위대한 군인이라 해도 부족함이 없는 인물이지만, 지나친 자만심과 적재적소에 인재 등용을 하지 못해 패배를 자초한 장수였다. 오늘을 사는 40대들은 그의 파란만장한 삶으로부터 교만함의 말로가 어떠한지를 배워야 할 것이다.

[Part 3]

40대에 반드시
버려야 할 것들

자족의 습관

그릇을 너무
가득 채우지 마라

내 삶의 미래는 늦어도
40대 중반에는 그림이 그려져야 한다.
30대의 힘과 40대의 지혜가 조화를 이루어
그 어느 때보다 책임감 있게
나를 돌아볼 수 있기 때문이다.

[아무리 늦어도 40대 중반까지는]

50대부터 더욱 높은 단계로 올라가기 위한 준비의 시기. 40대는 자신의 현재 위치를 이러한 관점으로 바라봐야 한다. 이렇게 현재를 기반으로 미래를 보지 않고 지금까지 구축해낸 결과물이나 과거의 영광에만 매달리며 살아가는 사람은 지나간 시간만을 파먹고 사는 것이 되어버린다. 여기서 강조하고 싶은 것은, 자신의 일하는 방식에 대해 중간 점검을 해야 한다는 점이다.

잘나가는 40대들은 믿을 만한 후배를 양성하는 일에도 주의를 기울인다. 40대 중후반에 그간의 경력과 능력을 인정받아 임원 승진 이야기가 나왔을 때, 자신이 현재 앉아 있는 자리를 대신할 만한 능력 있는 후계자가 없다면 어떻게 되겠는가?

그러면 회사는 적당한 후임자를 찾을 때까지 임원 승진을 늦춰야겠다고 판단할지도 모른다. 사실 이런 경우는 현실의 세계에서 아주 흔하다. 샐러리맨의 꽃이라는 임원 승진을 손에 쥐게 되었는데, 마땅한 후임자가 없다는 이유로 기회를 놓친다면 정말 안타까운 일이다.

더 심각한 일은, 승진의 기회가 사라진 이유가 후배 양성을 게을리한 자신의 책임이라는 사실을 알아채지 못하는 경우다. 그런 상태로 얼마간 더 지금의 자리에 머무르다 보면 '이렇게 열심히 일하는데 왜 인정받지 못할까?' 하며 불평하게 된다.

개중에는 자신을 알아주지 않는 회사에 대한 원망을 거듭하다가 악마의 유혹에 흔들려 불상사를 일으키는 사람도 있다. 이렇게 되지 않기 위해서라도 40대 중간관리자로 일하는 직장인은 자신의 포지션을 이어갈 만한 후배를 양성해두지 않으면 안 된다.

그런 의미에서라도 아랫사람의 성과를 자기 것으로 만들거나 자신의 일을 부하에게 마구잡이로 떠넘기는 행위는 절대 안 된다. 이와는 반대로 자신의 성과를 아랫사람의 공으로 넘기고, 아랫사람들에게 권한을 과감히 넘길 수 있는 도량이 없다면 결국 회사는 '저 사람 밑에서는 부하들이 성장하지 못한다'며 능력을 저평가하게 된다.

40대에는 한두 번 성공의 단맛을 보면 그것을 계기로 잠시 몇 발물러나 자기점검을 하는 것도 바람직한 일이다. 이는 어디까지나 더큰 도약을 위해 물러서는 것이지 아예 도전을 멈추라는 뜻이 아니다. 일단 멈추면 더 멀리 도약할 수 있는 힘이 생기고, 새로운 세상으로 달려 나갈 여유가 생긴다.

40대 후반에 들어서 이렇게 생각하는 사람들이 의외로 많다.

"정년까지 무난히 일을 마치고, 다음은 그냥 놀고먹으면서 연금생활이나 할까?"

지금까지 바쁘게만 살아왔기에 여유로운 삶을 동경하는 것도 무리는 아니지만 실제로 정년 후에 특별히 하는 일 없이 연금생활에만 만족하며 지내게 된다면 분명히 일상이 지겨워져서 남은 삶을 고통 속에 살게 될 것이다.

나의 선배 중에도 이런 사람들이 여럿 있었다. 금융계에서 임원까지 지낸 선배가 퇴직 후에 전원생활을 하겠다며 아예 이삿짐을 싸들고 시골로 달려갔다. 어릴 적부터 꿈이었다며 과일나무를 재배하면서 농장주로 변신한 그는 한동안은 무척 행복해 보였다. 다달이 연금이 나오니 생활비를 걱정할 필요도 없고, 매일 바쁘게 일을 하니 무료할 틈도 없었다.

그러나 그런 여유로움도 잠시뿐, 농사를 짓는다는 것이 그리 만만한 일이 아니기에 체력적으로 너무 힘들었다. 더구나 아내는 시골생활이 처음이라 도시의 일상에 길들여진 몸으로 무척 힘들어했다. 세상사로부터 한 발짝 물러나 있다는 자유로움도 잠시뿐 공동체를 이루었던 도회지의 동료들로부터 뚝 떨어져 산다는 고독감에 짓눌려 전혀 즐겁지 않았다. 그들 부부는 불과 3년 뒤에 다시 이삿짐을 싸들고 도시로 돌아왔다.

그들이 맛본 실패는 냉정하게 말해서 40대에 거듭해서 성공의 단맛을 보았을 때, 그것을 계기로 잠시 물러나 면밀하게 자기점검을 하지 않은 탓이라고 할 수 있다. 그때 그가 더 큰 도약을 위해 자기 자신을 성찰하는 시간을 가졌더라면 구체적으로 미래 계획을 다시 세우는 기회를 만들었을지도 모른다.

나는 자기 삶의 미래 그림은 아무리 늦어도 40대 중반까지는 구체적으로 그려져야 한다고 생각한다. 40대 중반이라는 시기가 중요한 이유는, 그때까지 30대의 힘과 열정에다 40대로서의 경험과 지혜가 중첩되어 인생의 그 어느 때보다도 책임감 있게 자기 자신을 돌아볼 수 있기 때문이다.

[언행일치가 중요하다]

40대에는 인망(人望)도 중요한 평가 요소다. 인망은 사람들이 우러르고 따르는 덕망이라는 뜻으로, 40대인 자신이 주위사람들로부터 신뢰받는 존재가 아니라고 생각되면, 지금까지 멈출 줄 모르고 달려온 기세가 언젠가는 한계에 이르게 된다는 사실을 깨닫고 '믿음'이라는 말을 곱씹어보기 바란다.《논어》에 이런 말이 나온다.

사람에게 신의가 없다면 그 쓸모를 알 수가 없다.

人而無信 不知其可也.

'무신불립(無信不立)'이란 말도 있다. 믿음이 없으면 일어설 수 없다는 뜻으로, 정치나 개인의 관계에서 믿음과 의리가 얼마나 중요한지를 강조하는 말이다. 공자는 신뢰의 기본은 '언행일치'라고 말하며, 의리야말로 사람이 살아가는 데 가장 먼저 지켜야 할 바른 도리라고 했다.

관포지교(管鮑之交)의 주인공으로 유명한 관자(管子)는 나라를 떠받치는 네 가지 덕목으로 예절과 의리, 청렴한 마음과 부끄러워하는 태도를 뜻하는 '예의염치(禮義廉恥)'를 뽑았다. 이를 '사유(四維)'라고 부르는데, 그의 말은 이렇게 이어진다.

"예의염치 중에 하나가 없으면 나라가 기울기 시작하고, 둘이 없으면 나라가 위태로워지며, 셋이 없으면 나라가 무너지고, 모두가 없으면 결국 세상이 망한다."

이 말은 국가뿐만 아니라 모든 조직사회와 개인적인 삶에도 그대로 적용된다. 인간으로서 기본적으로 지켜야 할 도덕률이자 법도인 예의염치를 외면하면 궁극적으로 세상의 모든 것들이 무너져버리는 최악의 사태를 피할 수 없다는 것이다.

그럼에도 기업사회에는 이런 인물들이 많이 보인다. 특히 상사의 위치에 있는 사람들이 예의나 의리는커녕 자기 살 길만 찾느라 남의 사정은 안중에 없고, 말과 행동이 따로따로 놀고, 자기 뱃속을 채우느라 인정사정없는 모습 말이다.

그래서 중간관리자로 일하는 40대들은 일과 인생에 대한 자기 철학을 확실히 세워야 한다는 말이 있는 것이다. 40대는 이를 바탕으로 윗사람과 아랫사람들의 생각을 잘 버무리고 아우르는 자세를 가져야 한다. 하는 말은 매번 그럴싸한데 행동은 전혀 그렇지 못한 상사여서는 안 된다.

이런 식으로 얄팍하게 행동하면 처음 얼마 동안은 믿음을 얻어도 언젠가는 반드시 본색이 드러나게 된다. 인간의 얄팍한 본성을 비꼬는 글이《사기》에 등장한다.

—

사람들은 상대방의 재산이 자기보다 열 배가 되면 헐뜯고, 백 배가 되면 두려워하며, 천 배가 되면 그의 일을 해주고, 만 배가 되면 노비가 되는 것도 사양하지 않는다.

凡編戶之民 富相什則卑下之 伯則畏憚之 千則役 萬則僕 物之理也.

—

무릎을 탁 칠 정도로 오늘의 시대 상황에도 딱 맞는 말이 아닌가. 출세하고, 부자가 되고, 남의 머리 위에 올라서려면 노예가 되는 것도 서슴지 않는 속성을 꼬집는 말이다. 당신은 어느 쪽인가?

하지만 예의염치를 더 중요하게 생각하는 40대라면 이런 얄팍함보다는《논어》에 나오는 다음 구절을 가슴에 새겨야 할 것이다. 제자 자장이 출세하는 방법을 배우려고 하자 공자가 이렇게 말했다.

———

많은 것을 듣되 의심스러운 부분은 빼놓고 그 나머지를 조심스럽게 말하면 허물이 적다. 또한 많은 것을 보되 위태로운 것을 빼놓고 그 나머지를 조심스럽게 행하면 후회하는 일이 적을 것이다. 말에 허물이 적고 행동에 후회가 적으면 출세는 자연히 이루어진다.

多聞闕疑, 愼言其餘, 則寡尤. 多見闕殆, 愼行其餘, 則寡悔. 言寡尤, 行寡悔, 祿在其中矣.

———

인망이 높은 40대가 되기 위해 공자의 말을 중요한 가르침으로 받아들이기 바란다. 공자의 말을 현대적으로 다시 말하면 이렇다.

"많은 것을 듣고 보되, 학습한 후에는 그 안에서 확실히 이해한 것만 말하라. 의문스러운 것이나 위험한 것은 말하지 말고, 확실한 것만 신중히 실행하면 사람들로부터 책망을 받는 일은 적을 것이고 자신도 후회할 일은 적다. 이렇게 살면 결과적으로 사회로부터 신뢰받아 잘나가는 인생을 살 것이다."

우리 주변엔 조금 주워들은 얘기일 뿐인 것을 사실 여부도 알아보지 않고 마구 떠들어대는 사람이 있다. 그냥 무심결에 귀로 흘러들어온 말이라 누가 물으면 분명하게 대답할 정도의 지식도 없으면서 아는 척을 한다. 그런 짓은 허세를 부리는 젊은이들이라면 모를까 베테랑임을 자부하는 40대라면 절대 해서는 안 될 일이다. 그런 사람은 인망과는 거리가 멀어서 큰 조직의 리더가 될 수 없을 것이다.

Chapter
09

배려의 습관   겸손과 배려를
무기로 삼아라

40대 리더로 성공하고 싶다면
먼저 부하 직원들과 담을 허물어라.
시대 변화에 민감하고,
유행에 적응이 빠른 젊은 직원들이
자신의 특기를 최대한 발휘할 수 있도록 뒷받침하라.
사람의 마음을 움직이는 것은 겸손과 배려이다.

[유방이 항우를 꺾은 이유]

40대는 조직원이 몇 안 되는 소규모 집단을 이끄는 입장이기 때문에 말하자면 작은 나라의 왕과 같은 존재다. 고대 중국의 경우, 대국의 왕은 황제라 부르고 큰 나라에 복속된 작은 나라의 왕을 제후라 불렀는데 40대는 제후와 같은 입장으로 볼 수 있을 것이다.

그렇다는 것은 40대는 이제부터 대국의 황제가 되는 길에 한 발짝 들어섰다는 뜻으로, 이제부터 성공과 실패의 열쇠는 그동안 쌓은 인망에 달렸다고 해도 과언이 아니다.

이는 바꿔 말하면 그동안 얼마만큼 덕을 쌓으며 살아왔는가에 따라 미래가 달라진다는 뜻이기도 하다. 덕이란 한마디로 말해서 자신에게 최선을 다하듯이 다른 사람에게도 똑같이 행하는 것이다. 나를 위해 어떤 사심도 없이 최선을 다해서 대해주는 사람에게 누가 나쁜 감정을 갖겠는가?

고대 중국인들은 덕은 스스로의 수양을 통해 얻어지고, 그것이 다시 실천을 통해 나타난다고 했다.《논어》에 '덕이 있는 사람은 외롭지 않고, 반드시 이웃이 있다(德不孤 必有隣)'라는 말이 나오는데, 바로 이를 가리킨다. 동양에서는 예로부터 자녀교육의 하나로 이 말을 가르치며 다음과 같이 덧붙였다.

"제멋대로 행동하는 인간으로 성장하면 주위의 미움을 받게 되고, 어려울 때 아무도 손을 잡아주지 않아 고립에 이르게 된다."

달리 말하면, 아무리 뛰어난 능력의 소유자라 해도 인간으로서 기본을 행하지 못하면 인생 자체가 괴롭다는 뜻이다. 하지만 세상은 많이 변했다. 아쉽게도 최근에는 삶의 한복판을 살아가는 40대들의 덕에 관한 인식이 희박해졌다. 경영의 신이라 불리는 마츠시타 코노스케(松下幸之助) 회장은 경영자가 갖춰야 할 필수조건을 묻는 후배들에게 이런 대답을 내놓았다.

"살다 보면 누구나 몇 차례 큰 위기가 찾아오게 되는데, 그럴 때 도움의 손길을 청할 사람이 얼마나 되느냐가 아주 중요하다. 그렇기에 사람은 평소에 착실히 덕을 쌓지 않으면 안 된다."

《사기》에는 라이벌 항우와의 오랜 전쟁에서 이기고 마침내 천하를 통일한 유방이 대궐에서 잔치를 베풀며 신하들과 나눈 대화가 소개된다.

"경들은 내가 천하제일의 장수인 항우를 물리치고 대륙을 통일한 까닭이 무엇이라 생각하오?"

이에 신하들은 유방의 탁월한 지도력과 덕을 입에 침이 마르게 칭찬하고 항우의 부족함을 있는 대로 깎아내리며 천하제패의 이유를 말했다. 하지만 유방은 머리를 흔들었다.

"그렇지 않소. 나는 장막 안에서 군사전략을 세워 천 리 밖의 승리를 얻게 하는 데 있어 장량(張良)만 못하고, 나라를 편안히 하고 백성을 어루만지며 군대에 보급이 끊어지지 않도록 하는 일에 소하(蕭何)만 못하며, 백만의 병사를 거느리고 나아가 싸우면 반드시 이기고 공격하면 반드시 빼앗는 일에는 한신(韓信)보다 못하오. 하지만 내가 그들을 잘 통솔하며 재능을 맘껏 발휘할 수 있게 했기에 마침내 천하를 차지했던 것이오."

보통의 40대들은 덕(德)이라는 말이 너무 추상적인 단어여서 구체적으로 무엇을 어떻게 하면 좋을지 모르겠다고 말한다. 덕이라는 말 자체를 구닥다리 언어로 여기고 뭔가 현대적인 말로 대신해달라는 사람도 있었다.

하지만 덕행은 그렇게 어려운 말이 아니다. 나는 현대적인 의미의 덕이란 살면서 함께 하는 사람들에게 배려하고 양보하며 정중하게 행동하는 것이라고 생각한다. 사람을 만난다, 전화를 한다, 메일을 보낸다, 회의에서 토론을 한다, 부하에게 지시를 한다, 거래처와 결제 문제를 의논한다……. 업무에 있어서나 일상에 있어서 마주하는 모든 상황에서 나를 낮추고 상대를 먼저 앞세우면 크게 잘못될 일은 없을 것이다.

[시위를 벗어난 화살]

"40세를 넘기면 이제부터는 자신의 재능만 믿지 마라. 마흔이 되어서도 자기의 재능만 믿고 설치는 것은 꼴불견이다."

내가 강의에서 40대들에게 자주 하는 말이다. 40대는 자기만의 재능에 그간의 경험과 일을 대하는 시야를 결합하여 더 나은 결과를 내는 시기다. 그럼에도 다른 것은 다 제쳐놓고 자기의 재능 하나만 믿고 설친다면 꼴불견을 넘어 실패 확률이 아주 높다.

　20대나 30대같이 젊을 때는 자신의 재능을 최대한 어필하여 한층 크게 보이고 싶다는 기분에 사로잡혀서 터무니없는 허세를 부릴 때가 있다. 물론 그것은 그것대로 나쁘지 않다. 젊은 시절에는 그런 일조차 에너지가 되기 때문이다. 심지어 조금 건방지더라도 실력 이상의 것을 행하려는 모습이 호감으로 이어질 수도 있다.

　하지만 40대가 되어서도 예전의 기분대로 천방지축으로 행동하면 곤란하다. 자기과시가 지나치면 주위사람들로부터 반감을 사게 되고, 말하는 만큼 실력이 없다는 사실이 밝혀지면 냉소의 대상이 될 뿐이다.

　《사기》에는 대국의 황제가 자신의 위세만 믿고 함부로 행동했다가 크게 낭패를 본 사례를 소개하고 있다. 한(漢)나라의 황제가 된 유방이 어느 해에 북쪽 변방의 오랑캐인 흉노족이 빈번하게 침범하여 약탈과 도륙을 일삼자 직접 대군을 이끌고 나갔다. 그러나 사납고 강한 흉노족을 당해내지 못하고 오히려 위급한 지경에 처하고 말았고, 흉노족 왕비에게 값비싼 선물을 주고서야 겨우 벗어날 수 있었다.

　세월이 한참 지나 한무제 유철이 한나라의 막강한 군사력을 바탕으로 여전히 변방을 어지럽히는 흉노족을 치기로 하고 어전회의를 열었다. 이때 대신 한안국(韓安國)이 출병을 반대하며 말했다.

"힘센 화살도 멀리 날아가면 힘이 약해져서 얇은 비단조차 뚫기 어렵습니다. 우리 군사들이 아무리 강하다 해도 멀리 원정을 나간다면 어찌 결과를 장담하겠습니까. 그러니 좀 더 훗날을 기약하는 것이 좋을 줄로 압니다."

그럼에도 무제는 한안국의 간언을 듣지 않고 출병했다가 예전보다 더한 고초를 겪어야 했다.

시위를 벗어나 허공을 날아가는 화살은 처음과 끝이 전혀 다르다. 한참을 날아가다 보면 처음의 힘이 점점 떨어지게 되는 것이 물리학의 법칙이기 때문이다. 강한 화살이라 해서 항상 강한 것이 아니듯이 20대, 30대 시절의 강함이 40대에도 여전히 이어질 리가 없다. 《노자》에 나오는 '화광동진(和光同塵)'이라는 말은 이런 가르침을 담은 말이다.

이는 아무리 최고 능력자라 해도 자신의 덕과 재능을 감추고 세속을 따르면서 속인들과 어울린다는 뜻으로, 정말로 우수한 사람은 자신의 지식을 함부로 과시하거나 섣불리 재주를 부려 남의 눈에 띄려고 하지 않는다는 말이다.

진정한 실력자는 담담하고 묵직하게 일한다. 그동안 나는 각 분야의 최고 전문가라는 사람들을 많이 만나봤는데 하나같이 빈틈이 없다는 인상을 받았다. 평상시에는 자신의 실력을 감추고 조용히 때가 오기를 기다리다가 기회가 오면 압도적인 존재감을 발휘하여 승리를 쟁취하는 그들을 보며 진짜 실력자란 저런 모습이구나, 감탄하며 머리를 끄덕였었다.

이와는 반대로 말만 번지르르하고 요란하게 행동하는 사람들은 그리 뛰어나지도 않은 힘을 억지로 크게 보이려고 하면서 남의 눈에 띄는 일만 해서 오히려 우습게 보이고, 그런 과정에서 실패만을 거듭하는 걸 볼 수 있었다. 40세를 넘기면서, 이제부터는 화광동진의 주인공이 되어야 한다는 마음가짐으로 진지하게 생각하고 신중하게 행동하는 사람이 되기를 바란다.

[양보와 배려가 필요하다]

"이제부터 현장의 주역은 내가 아니라 부하들이다! 따라서 우리 팀이 이뤄낸 성공은 전부 부하들의 몫이다."

40대 리더가 항상 마음에 지녀야 할 마음가짐이다. 이 말은 팀원들과 함께 만들어낸 결과물을 혼자 독식해서는 안 된다는 뜻이기도 하지만, 부하들이 해야 할 몫까지 혼자서 막무가내로 떠맡으려고 해서는 안 된다는 의미이기도 하다.

능력자라고 자부하는 상사는 부하들의 일하는 모습을 보고 있으면 불안한 마음이 든다. 크고 작은 실수라도 하면 당장 팔을 걷어붙이고 뛰어들고 싶다. 하지만 꾹 참아야 한다. 《순자》에 나오는 유명한 말이 있다.

——

군주는 배와 같고, 백성은 물과 같다.

물은 배를 띄우기도 하지만 배를 뒤엎기도 한다.

君者舟也 庶人者水也 水則載舟 水則覆舟.

——

상사가 배라면 부하는 물이다. 배는 물 위에 있기에 뜨지만, 그 배를 한순간에 전복시키는 것도 물이다. 그럼에도 상황과 조건을 따지지 않고 무조건 배를 저어 나갔다가는 삽시간에 전복된다.

이 말을 현대적으로 해석하자면, 상사는 항시 아랫사람들에게 보탬을 주는 존재가 되어야 한다는 뜻이 될 것이다. 윗사람이라 해서 전횡을 일삼으며 마구잡이로 힘을 휘두르면 부하들은 점점 멀어지고, 상사라는 위치 또한 배가 전복되듯이 무너져버릴 것이다.

부하들에게 일을 나눠주지 않고 항상 혼자 떠안으려는 행위에는 부하들을 믿지 않는다는 속내가 숨어 있는 것이다. 그러면 부하들은 상사의 불신에 반감을 갖고 언젠가는 날카로운 칼을 고스란히 되돌려줄 것이다. 잘 돌아가지 않는 조직들을 보면 대부분 서로를 믿지 않는 불신의 문화가 깊게 뿌리를 내리고 있음을 볼 수 있다.

두말할 필요도 없이 리더에게 가장 중요한 임무는 일의 성격을 구분해서 적절하게 지시를 내리는 일이다. 이때 아무 생각도 없이 무조건 일을 맡기는 것은 안 된다. 부하의 능력과 성격을 정확히 파악한 다음, 그것을 최대한 발휘할 수 있도록 방향을 세시하고 뒷받침을 해주는 것이 상사에게 주어진 임무다. 서커스단에서 동물들에게 재주를 부리는 기술을 가르치는 조련사에게 이런 말을 들은 적이 있다.

"같은 호랑이라도 저마다 성격이 다릅니다. 조급한 놈이 있는가 하면 느긋한 놈이 있어요. 조급한 호랑이에게 천천히 움직이라고 명령한다 해도 좀처럼 그렇게 되지 않습니다. 대신 나는 녀석의 성미에 해낼 수 있는 재주를 익히게 합니다. 이렇듯이 자기 성미에 맞는 동작이면 어떤 짐승도 기꺼이 따라와 줍니다."

사람을 움직이는 것도 마찬가지다. 리더는 부하들이 자기들의 특기를 최대한 꺼낼 수 있도록 뒷받침해야 한다. 그렇게 하지 않으면

팀 전체의 행동력이 떨어지고, 그 결과 리더로서의 평가도 추락하게 된다. 그런 의미에서 리더에게 '열린 귀'의 중요성은 아무리 강조해도 지나치지 않는다.

귀가 열려 있다는 말은, 듣기에 기분 좋은 말만 받아들이고 듣기 싫은 말은 외면하라는 것이 아니라 더 나은 성과를 낼 수 있는 말이면 무엇이든 적극적으로 수렴하는 자세를 갖는다는 뜻이다.

윗사람은 명령하고 아랫사람은 무조건 따르는 상명하복(上命下服)의 문화가 짙게 드리워진 조직사회에서는 이런 인물들을 찾기가 어렵다. 왜 그럴까? 열린 귀를 가진 사람은 자칫하다 남의 말에 쉽게 흔들리는 사람, 자기 소신이 부족한 상사라는 말을 듣기 십상이기 때문이다.

중국 송나라 때의 문집 《조정사원(祖庭事苑)》이라는 책에는 천하의 공자가 시골의 무지몽매한 아낙네로부터 가르침을 받는 장면이 나온다. 공자가 어떤 사람한테 진귀한 구슬을 얻었는데, 안쪽에 아홉 구비로 구부러진 구멍이 나 있어 아무리 애를 써도 구슬을 실로 꿸 수가 없었다. 때마침 뽕밭에서 일하는 여인을 발견하고 방법을 아는지 묻자 여인이 대수롭지 않게 말했다.

"꿀단지를 놓고 찬찬히 생각해보세요."

여인의 말을 곰곰이 생각하던 공자는 무릎을 탁 쳤다. 공자는 개미한 마리를 붙잡아 허리에 실을 묶고는 구슬의 반대쪽 구멍에 꿀을 발라놓았다. 잠시 뒤에, 구멍을 통과한 개미가 기어 나왔고, 그 뒤로 실이 뒤따라 나왔다.

세상에서 지혜가 가장 깊고 높다는 공자도 모르는 게 있으면 무지한 여인에게 다가가 답을 묻는데, 평범한 우리가 그렇게 하지 못할 이유가 없다.

중간관리자로서 베테랑을 자부하는 40대는 새로운 지식이 요구되는 업무를 놓고 아랫사람들에게 묻기가 난처해서 그냥 넘어갔다가 나중에 큰 낭패를 보게 된다. 모든 것에 통달한 사람은 없다. 열린 귀를 가진 리더는 모르는 것은 그냥 넘어가지 않고 반드시 주위사람들에게 물어서 나의 지식으로 만든다는 사실을 명심하기 바란다.

소통의 습관

큰일에 강한
리더가 되어라

40대 중간관리자는
물류의 중심에 있는 도매업자와 같다.
유능한 도매업자는 위와 아래의 소통을 위해
막힌 것을 뚫고 새는 것을 막아낸다.
의존과 인정이 끼어들 틈새를 주지 않는다.

[공과 사를 분명히 구분하라]

조직사회에서는 위와 아래가 서로의 처지를 이해하는 문화가 조성되
는 것이 제일 중요한 문제다. 고압적인 자세로 무조건 찍어 누르려고
만 하는 그런 리더는 삼류다.

　서로 이해하기는커녕 친밀한 교류조차 없는데도 함부로 징벌의 칼
만 휘두르면 반드시 역효과가 난다.《손자》에는, 상사는 모든 일을 아
랫사람의 처지가 되어 생각하고 지시를 내려야 한다면서 이렇게 말
하고 있다.

위아래가 아직 친밀해지지 않았음에도 엄한 징벌을 내세워 고압적으로 다루면, 아랫사람들은 절대 복종하지 않는다. 일단 백안시하게 되면 이처럼 다루기 힘든 것도 없다. 그렇다고 너무 무관하게 친해지면 버릇이 없어지고 친함이 도를 넘어 제대로 벌을 주지 못하게 되면, 이 또한 쓸모가 없어지게 된다.

卒未親附 而罰之 則不服 不服則難用也 卒已親附 而罰不行 則不可用也.

그렇다고 아랫사람의 비위만 맞추는 상사도 안 된다. 그런 식으로 너무 친밀함만 추구하면 아랫사람에게 큰 허물이 있어도 좀처럼 처벌하기가 힘들어져서 인정에 끌려 다니는 신세가 된다.

이것이 재앙의 근본이 된다는 사실을 잊지 마라. 한 가족같이 지내더라도 엄한 규율로 한계를 정해놓은 다음이어야 한다는 점을 명심하지 않으면 사람을 다루는 데 어려움이 많을 것이다.

《한비자》에는 '송양지인(宋襄之仁)'이라는 말이 나온다. 쓸데없이 인정을 베풀다 도리어 큰 손해를 본 사람의 이야기다. 송나라의 양공(襄公)이 초(楚)나라와 싸울 때, 전쟁터에 먼저 도착한 송나라 군대는 전열을 정비하고 싸울 태세에 들어갔지만 초나라 군대는 아직 강을 건너지 못한 상태였다. 점시 후 부하 장수가 달려와 양공에게 아뢰었다.

"초나라 군대가 아직 절반밖에 강을 건너지 못했으니, 지금 당장 공격하면 쉽게 이길 수 있습니다."

그러나 양공은 곤란한 처지에 놓인 적을 공격하는 것은 장수의 도리가 아니니 적군이 완전히 강을 건너고 전열을 정비한 다음에 싸우라고 명했다. 이에 송나라 군대는 초나라 군대가 준비를 다 마친 다음에야 싸움을 시작했지만 처참하게 패했고, 양공은 다리에 큰 상처를 입고는 사흘 만에 죽고 말았다. 상대에게 쓸데없는 아량을 베풀었으나 참담한 결과만 낳았으니, 《손자》의 가르침이 헛말이 아님을 알 수 있다.

냉정할 때는 얼음처럼 차갑게 대하라. 이런 가르침을 주는 이야기가 《삼국지》에 나온다. 제갈량이 위(魏)나라와 싸울 때, 절친한 친구의 동생인 마속이 명령을 어기고 자기 나름의 전략으로 싸웠다가 대패했다. 제갈량은 군법에 의거해서 눈물을 흘리며 그를 참수했다. 이것이 바로 '읍참마속(泣斬馬謖)'이라는 말의 유래다. 이 일을 바탕으로 생긴 말은 오늘의 기업사회에도 그대로 적용된다.

"리더는 엄하게 규율을 세워 나가기 위해서는 사적인 감정을 버리고, 아끼는 부하라도 잘못을 했으면 처벌하지 않으면 안 된다."

40대가 되면 때에 따라 사적인 감정을 버리고 몰인정하게 나가야 할 때가 있다. 기업사회에서는 상사가 부하를 너무 아낀 나머지 실수를 저질렀어도 책임을 묻지 않고 그냥 넘어가는 일이 많다. 그러나 이런 일이 너무 잦으면 부하들은 조직의 엄중함을 비웃으며 더한 잘못을 저지를 수 있다.

"야단을 쳐야 하지만, 너무 엄격하게 책임을 추궁하면 상처받을 거야. 그간 쌓아온 커리어에 오점이 될 수도 있고, 자칫하면 다시는 일어서지 못할지도 몰라……."

리더가 이렇게 여린 마음을 가지면 곤란하다. 그 상황에서는 단단히 혼을 내는 것이 부하를 위하는 일이다. 이때 중요한 것은, 여기서 제대로 혼을 내지 않으면 나중에 더 큰일을 초래한다는 사실을 명확하게 판단해서 징벌할 타이밍을 놓치지 않는 것이다.

"지금은 그냥 넘어가고 나중에 기회를 봐서 혼을 내겠다."

이렇게 생각하고 넘어가면 부하직원은 용서를 받았다고 여기거나 다 지난 일을 가지고 웬 트집이냐고 반발할지 모른다. 사람은 본래 이기적인 존재이기에 자신의 잘못은 까맣게 잊고 뒤늦게 혼을 내는 상사만 원망하는 것이다.

미국 산업계가 90년대 들어서 다른 선진국들에 비해 모든 부분에서 평균 이하로 생산성이 추락하자 그 원인을 알아보았다. 그 결과 중간관리자들의 활기가 예전보다 형편없이 떨어진 것이 밝혀졌다.

이런 현상을 '동결된 중간관리직(frozen middle)'이라고 한다. 도대체 무슨 말인가? 기업체의 중간관리자들이 위로부터는 짓눌리고, 아래로부터는 치받치는 상황에 빠져 더 이상 제 능력을 발휘하지 못하고 꼼짝도 못하는 신세가 되었기 때문에 기업은 물론이고 미국의 생산성마저 '굳어버렸다(frozen)'는 것이다. 40대들이라면 이 글이 마음에 와 닿을 것이다.

본래 중간관리자는 위에도, 아래에도 모두 기대고 싶어지는 존재다. 윗사람은 중간관리자에게 일반사원들이 회사에 무엇을 기대하고 있는지 등의 정보를 알려주기를 기대한다. 한편 하부조직에 있는 사람들은 중간관리자에게 윗사람들이 무슨 생각을 하고, 회사가 무엇을 기대하고 있는지 등의 정보를 알려주기를 기대한다.

그렇다는 것은, 중간관리자에게는 위와 아래의 관계를 조정하는 동시에 모두가 잘 어울려서 회사가 제대로 돌아가도록 운전할 능력이 요구된다는 것이다. 그러지 않고 중간에서 옴짝달싹 못하는 샌드 위치가 되어버리면 회사 자체가 동맥경화증에 걸려버린다.

따라서 중간관리자는 '나는 위와 아래를 모두 움직일 수 있는 위치에 있다'고 생각해서, 모든 문제를 전략적인 마인드로 유연하게 처리해야 한다.

그러고 보면 중간관리자는 물류의 중심에 있는 도매업자와 같다. 도매업자의 존재 가치는 기업 정보를 소매업자에게 전달하고, 소매업자의 정보를 기업에 전달하는 데 있다. 이런 시스템이 정착되면 소매업자는 기업의 신제품이나 생산체제, 재고상황 같은 정보를 받아 소비자의 요구에 맞는 상품을 준비할 수 있고, 기업은 소매업자의 판매현황이나 소비자의 요구 같은 정보를 제품 개발에 활용할 수 있다.

기업사회에서 상층부와 일반사원의 중간에 있는 입장인 40대는 자신에게 도매업자와 같은 역할이 있음을 자각하는 게 중요하다. 유능한 도매업자는 위와 아래의 소통을 위해 막힌 것은 뚫고 새는 것은 막아내는 역할을 한다.

정말로 최악은 위에는 무조건 아부하면서 상사가 가지고 있는 정보나 지식을 빼내려고만 하는 사람이다. 이런 사람들은 처음부터 '아랫사람으로부터 배운다'라는 생각은 절대 하지 않는다. 《논어》에서 그 중요성을 설파하고 있다.

———

중간관리자는 젊은 후배들을 두려워해야 하느니.

그들의 장래 학문이 오늘의 우리보다 낫거나 못할 줄 어찌 알리오.

後生可畏, 焉知來者之不如今也.

———

아랫사람에게 배우는 자세가 없으면, 신뢰받는 인간이 될 수 없고 50대, 60대가 되고 나서는 안타깝게도 자멸할 것이다.

[한비자의 지혜에서 배운다]

40대 중에는 여전히 누군가에게 의지한 채 시간을 보내는 사람이 있다. 누군가에게 협력을 받는 것과 누군가에게 의존하는 것은 전혀 다른 문제다. 전자는 자신이 중심이 되어 일하는 것이지만, 후자는 일을 타인에게 맡기고 자신은 아무것도 하지 않거나 누구의 지시대로 움직이는 것이다.

40대 리더는 아래에 지시를 내리고 일을 맡기는 위치이기 때문에 부하들이 기분 좋게 일할 수 있도록 해야 한다. 이런 능동적인 힘이 기업을 떠받치고, 동시에 자기 자신을 상승시키는 원천이다. 이런 판국에 지금도 여전히 의존 체질에서 벗어날 수 없다면, 이런 사람은 완전히 자격 미달이라고 할 수 있다.

이렇게 말하면, 어떤 사람은 부하들을 신뢰하기에 전적으로 일을 맡기고 있는 것이라고 말한다. 그런데 이 말 속에 아랫사람들을 능동적으로 이끌 수 없는 자신을 인정하고 싶지 않아서 도망치려는 구실이 들어 있다면 문제는 심각하다.

하물며 40대가 되어서도 여전히 누군가의 지시가 있어야만 움직인다면 정말 부끄러운 일이다. 의존이란 자신의 존재를 누군가에게 의탁하는 것이다. 그렇기에 의존하는 삶이 지나치게 되면 자기 스스로 자신을 존재하지 않는 사람으로 여기는 것과 같다.《한비자》에 이런 말이 있다,

———

남에게 의지하는 것은 나 자신의 힘에 의존함만 못하다.
남이 나를 위하는 것은 내가 나를 위하느니만 못하기 때문이다.
恃人不如自恃 人之爲己不如己之自爲也.

———

한비자는 이런 말을 하면서 생선을 좋아하는 노나라 재상의 이야

기를 곁들인다. 재상이 생선을 좋아한다는 소문을 들은 백성들이 앞다투어 생선을 갖다 바쳤지만 그는 한 마리도 받지 않았다. 왜 그랬을까? 그의 대답은 이렇다.

"누군가의 선물을 받으면 그에게 형식적인 말 한 마디라도 하지 않으면 안 되고, 그런 일이 계속되면 종국에는 그를 위해 법을 어기는 일도 마다하지 않게 될 것이다. 그러다 관직에서 물러나면 나 스스로 생선을 살 돈도 없을 뿐만 아니라 아무도 생선을 가져다주지 않을 것이다."

애초에 선물을 받는 일이 없으면 면직의 위기도 없고, 그러면 언제까지라도 좋아하는 생선을 자신의 돈으로 사먹을 수 있으니 속이 편하다는 것이다. 이 이야기는, 인간은 누군가에게 의존하지 않고 자기 자신에게 의지해서 노력해야 한다는 가르침을 준다.

[큰일에 강한 리더가 되어라]

어떤 일에서든 구체적인 대비책 없이 허둥대고, 그런 과정에서 자신의 약점만 드러내는 40대가 평생 자기 분야에서 성공할 일은 없을 것이다. 사람을 잘 이끌어 최고의 효과를 내는 능력이 없기 때문이다.

사람에게 여유가 없다는 것은 준비 부족에서 오는 경우가 많다. 특히 일이 순조롭게 흘러갈 때 조심해야 한다. 생각지도 않는 일이 일어나는 걸 상상하기가 두려워서 현재의 안일한 상황이 계속될 거라고 믿어버리면, 막상 최악의 상황이 닥쳤을 때는 순식간에 패닉에 빠져버리게 된다.

나는 이런 말을 자주 한다.

"리더는 어디까지나 최악의 상태에 대비하는 게 필요하다."

40대는 언제든 문제가 발생할 수 있다는 마음으로 조심하고 만약의 사태에 대비해야 한다. 천재지변이든, 뜻밖의 사고든, 어떤 장애나 곤란한 문제든 언제든 일어날 수 있다. 뭐든지 순조롭다며 태평하고 안이하게 생각했다가 뜻밖의 문제가 발생하여 정신없이 허둥댈 가능성도 있다. 40대에 예전보다 이렇게 더 많은 문제가 생기는 이유는 뭘까? 이유는, 40대라는 나이는 복잡하게 얽힌 삶의 한복판에 들어와 있기 때문이다.

앞에서도 말했지만, 나는 25세 때 태국에서 불의의 교통사고를 당했었다. 그런 일이 나에게 벌어지리라고는 꿈에도 생각지 못했으나 나는 불행의 한복판에 내던져지고 말았다.

병상에 누워 실의에 빠져 지내던 중에 '내 몸에 언제, 어디서든 예상치 못한 일이 일어난다는 것은 당연하지 않는가?'라는 사실을 통

감했다. 그와 동시에 앞에 기다리고 있을지 모르는 위험에 대해 내가 너무나 무방비했음을 깨닫게 되었다. 그때부터 나는 삶에 대해, 그리고 일에 대해 미래를 준비하는 습성이 생겼다.

40대는 20대, 30대보다 더 주도면밀하게 미래에 일어날 수 있는 사태에 대비해서 착실히 준비해야 한다. 그리하여 그런 일이 일어나더라도 허둥대지 않고 즉각적으로 대응할 수 있는 준비가 필요하다. 단지 눈에 보이는 일에 대한 예측만 하고 준비하는 것으로는 부족하다. 그런 태도는 '만에 하나라도 그런 일은 일어날 리 없다'며 사태를 낙관적으로 보고 있음에 지나지 않기 때문이다.

업무적인 일로 예를 들어보자. 어떤 프로젝트를 진행할 때, '혹시 원자재가 기일 안에 들어오지 않으면?'이라고 가정하고, 물품의 출하를 업자에게 맡기지 말고 담당자를 정하는 등 대안을 마련한다. 혹시 일어날지 모를 부작용이나 트러블에 대비해 차선책을 마련하는 세심함이 큰일에 강한 리더가 되는 조건의 하나임을 잊지 마라. 《중용》에 나오는 다음의 말을 40대들은 항시 마음에 새겨두기 바란다.

———

일이란 성실한 바탕 위에서 미리 단속하면 확고하게 이루어지고,
미리 단속함 없이 무방비 상태로 임하면 낭패를 본다.

凡事豫則立 不豫則廢.

——

40대는 조직의 위아래를 넘나들며 허리와 같은 역할을 하는 존재다. 그런 위치에 있는 사람이 문제가 터질 때마다 패닉에 빠진다면 곤란하다. 그렇게 되면 리더로서 부하에게 정확한 지시사항을 내놓기는커녕 리더의 동요가 부하에게로까지 옮겨져 사태를 더욱 악화시키니, 그런 사람을 신뢰할 경영자는 없을 것이다.

균형의 습관

중요한 것은
시간이 아니라 마음이다

가파르지만 도착점까지 짧은 길,

평탄하지만 도착점까지 먼 길.

두 갈래 길 중 어느 하나를 선택해야 할 때가 온다.

마흔에 접어든 당신은 어느 길을 선택할 것인가?

[몸 관리에 실패하면 일류가 될 수 없다]

아무 탈 없이 오래 사는 인생을 원하지 않는 사람은 없다. 하지만 해야
할 일이 산더미같이 쌓여 있는 40대는 결국 무리를 하게 된다. 바쁜
와중에도 비즈니스나 원활한 인간관계 때문에 거의 매일 음주를 하거
나 운동 부족에 수면 부족이 일상화되어 몸도 마음도 피폐해진다.

20대, 30대 때는 육체적으로 조금 무리를 해도 괜찮지만 40대는
그렇지 않다. 체력이 날로 하향곡선인 데다 회복력마저 한참 떨어지
니 여차하면 몸 상태가 무너지기 쉽다. 《노자》에 건강의 소중함을 강
조하는 글이 많이 나온다.

———

몸에 해로움이 가해지면 마음의 건강마저 혼란스러워진다.

마음이 혼란해지면 몸 상태에 더욱 나쁜 영향을 끼친다.

몸과 마음은 하나이기에 항시 조화를 이루어야 한다.

載營魄抱一 能無離乎 專氣致柔 能嬰兒乎.

———

심신의 균형을 유지하는 것이 건강의 기본이라는 뜻이다. 이는 간단한 듯해도 매우 힘든 일로, 심신의 건강을 잃으면 결코 좋은 인생이 될 수 없다는 경고가 담긴 말이다. 건강에 대해서는 아무리 많은 시간이 흘러도 단 하나의 원칙만 존재한다는 사실을 여기서도 알 수 있다.

건강에 대해 현대인들이 특히 조심해야 할 문제는 불규칙한 식습관에서 오는 비만이다. 몇 년 전에 실리콘 밸리에 있는 기업을 방문한 적이 있는데, 경영자가 말하기를 자기 회사는 비만인 사람은 절대 고용하지 않는다는 방침을 정해놓고 있다고 했다.

"자신의 몸 관리도 못하는 사람에게 중요한 업무를 맡길 수는 없기 때문입니다."

비만을 자기관리 능력의 결여라고 판단한다는 뜻이다. 비만인 사람이 많은 미국에서 뚱뚱한 사람을 배척한다는 뜻은 비만과의 전쟁을 벌여 성공한 사람은 무슨 일이든 믿고 맡길 수 있다는 뜻으로 해석해도 될 것이다.

이를 달리 말하면, 과식만이 아니라 과도한 음주나 흡연으로 건강한 생활습관을 지키지 못하는 사람은 자기관리 능력이 없다는 혹평을 받아도 어쩔 수 없다는 뜻이기도 하다. 건강하지 못한 생활은 자신의 몸뿐만 아니라 일에 대한 평가에도 악영향을 끼친다는 사실을 분명히 인식하기를 바란다.

그런가 하면 현대인들 중에는 마음의 병으로 힘들어하는 사람도 적지 않다. 노자는 이런 사람은 몸에 '기(氣)'를 불어넣어 아기처럼 유연해지라고 충고한다.

도교에서는 기를 우주가 창조되기 이전부터 존재하는 기본 개념으로 여긴다. 태초에 완전히 '무(無)'였던 세계에서 기가 충만해지고 팽창해서 천지가 분리되고 점차 만물이 생겨나기 시작했다는 것이다. 다시 말하면 기는 자연계 모든 존재를 생성시킨 생명의 원천이다. 따라서 기를 수련한다는 것은 잃어버린 생명의 원천을 되찾는 과정이라고 보는 것이다.

도교 수행자들은 몸과 마음에 기를 불어넣을 때는 신체를 딱딱하게 해서는 안 된다고 말한다. 아무런 욕심도 없고, 있는 그대로 살고 있는 아기처럼 생기가 넘치면서 심신을 유연하게 만들어야 한다는 것이다.

대부분의 사람들이 심신을 지나치게 딱딱하게 만들기에 세상의 흐름에 부드럽게 대응하지 못하게 되고, 그러다 보니 마음속엔 스트레스가 쓰레기더미처럼 쌓인다. 가만히 보면 그 바탕에는 출세하고 싶다, 성과를 내고 싶다, 부자가 되고 싶다, 사람들에게 잘 보이고 싶다 등등 부질없는 욕구가 산더미처럼 도사리고 있다.

일에 의욕적으로 다가가는 것은 괜찮지만, 그것이 사사로운 욕망이 되면 심신의 자유를 앗아간다. 40대는 쓸데없는 욕심으로부터 벗어나 최대한 힘을 빼고, 열심히 살다 보면 결과는 나중에 자연히 따라오는 것이라는 마음으로 살아가야 한다. 스트레스 없는 편안한 일상이 일의 성과를 높이고, 마음이 피곤해질 일이 없는 삶으로 가는 지름길이다.

[어느 워킹맘의 눈물]

40대는 너무 바빠서 집안에 소홀한 가장이 되기 쉽다. 잘나가는 40대일수록 가족들이 자신의 처지를 알고 있으니 일부러 감사하다는 말을 하지 않아도 알아주겠지 하는 안일함은 없는지 돌아보기 바란다. 《논어》에 이런 말이 나온다.

——

군자가 가족을 소중히 하면
백성은 그것을 배워 서로를 소중히 여긴다.
君子篤於親 則民興於仁.

——

가족도 마찬가지다. 부부가 서로의 부모를 소중하게 생각하는 마음을 어떠한 형태로든 표현을 하면 아이들도 그것을 배워서 애정이 깊은 사람이 된다. 서로를 아끼고 사랑하면서, 그것을 직접적으로 표현하는 습관이 중요하다는 뜻이다.

유교사상은 효행을 매우 중요시한다. 일부 기업에서는 신입사원을 채용하면서 부모를 어떻게 생각하는지, 평소에 어떻게 대하는지를 묻는다고 한다. 가정이라는 사회의 축소판 속에서 부모를 존경하는 마음이 자연스럽게 몸에 밴 사람은 회사에서도 사장을 비롯한 연장자에게 정중함을 잊지 않는다. 기업은 그런 사람이 일차적으로 조직원으로서 훈련이 되어 있다고 판단하는 것이다.

40대는 부모가 고령이 되었기 때문에 잦은 병치레로 걱정하게 되는 시기다. 그럼에도 일이 바쁘다는 이유로 부모님을 찾아뵙는 일이 뜸하게 된다. 회사에서는 착하고 성실하다는 평가를 받으면서도 늙은 부모님에게 소홀한 사람은 언젠가는 겉과 속이 다른 인간이라는 말을 듣게 될 것이다.

《대학》은 유학의 핵심 내용을 군주나 재상이 바른 정치를 펼칠 수 있게 철학과 학문으로 설명하는 중국고전이다. 우리에게도 친숙한 '수신제가 치국평천하'라는 말도 바로 이 책에 등장한다.

———

자신의 몸과 마음을 바르게 한 사람만이 가정을 다스릴 수 있고,

가정을 다스릴 수 있는 자만이 나라를 다스릴 수 있으며,

나라를 다스릴 수 있는 자만이 천하를 평화롭게 다스릴 수 있다.

修身齊家 治國平天下.

———

이 말은 오늘의 40대에게 적용하면 글자 하나하나가 가슴을 찌른다. 몸과 마음이 바른 사람이 가정과 회사, 나아가 사회를 튼튼히 떠받치는 사람이라는 뜻이다.

하지만 이것은 단지 남자에게만 국한하는 말은 아니다. 최근 들어

서 워킹맘이 늘고 있다. 그녀들 또한 자아실현을 위해 30대, 40대에 왕성하게 일할 시기인데 일과 육아의 양립이라는 문제 앞에서 깊은 고민을 안고 있다.

일전에 가고시마 지역의 어느 기업 연수회에서 강연을 할 때였다. 100여 명이 모인 자리였는데 대다수가 여사원이었다. 강연이 끝나고 질의응답 시간에 자신을 워킹맘이라고 소개하는 여성이 손을 들었다.

"이 지역은 전업주부가 많은 편입니다. 그런 분위기 탓인지 워킹맘인 저는 늘 아이를 방치한 채 일에만 매달린다는 비난의 눈총을 받곤합니다. 사실 오늘도 연수 때문에 이곳에 오기 전에 시어머니와 가벼운 언쟁이 있었습니다. 시어머니는 아이를 두고 가는 저를 책망하면서 일과 가정 중에 어느 쪽이 중요한지 확실히 하라는 말까지 했습니다. 저는 과연 나쁜 엄마일까요?"

대부분의 워킹맘들의 고민이기도 한 그녀의 말을 들으면서 가슴이 몹시 아팠다. 일과 육아의 병행은 남모르는 고통이 크기에 대다수 워킹맘들은 아기에게도 미안하고, 일에 전력투구하지 못하는 자기 자신에게도 불만이 크다. 하지만 그녀의 말을 듣고, 나는 주저하지 않고 곧바로 이렇게 대답했다.

"당신은 좀처럼 볼 수 없는 아주 훌륭한 어머니입니다."

뜻밖의 답변에, 그녀를 포함한 모든 참석자들이 놀란 눈치였다.

"회사의 연수 자리에서 그런 질문을 하는 자체가 당신이 얼마나 아이를 생각하고 있는지를 말해주고 있지 않습니까? 일 때문에 평소에 아이와 함께하는 시간이 적을지 모르지만 마음은 항상 같이 있습니다. 비록 함께하는 시간은 적지만, 엄마의 그런 마음이 아이에게 고스란히 전달될 것입니다. 몸은 힘들겠지만 용기를 가지고 더 힘을 내어 일하세요. 육아만큼이나 중요한 것이 일을 통한 자아실현이고 자존감 확인이라고 생각합니다."

참석자들이 박수를 쳤고, 강의가 끝나자 그녀에게 이심전심의 심정으로 악수를 청하는 여성들이 많았다. 가족을 소중히 여긴다면 함께 보내는 시간이 많아야 한다는 생각을 할지 모르지만, 반드시 그렇지는 않다고 생각한다. 같이 지내는 시간이 길든 짧든 상관없다. 핵심은 가족에 대한 마음이 얼마나 강하고 깊은지에 있다.

남자들은 더하다. 당신이 평소에 한 집안의 가장으로서 가족에게 마음과 시간을 별로 쓰지 않더라도 스스로 실격이라며 자책할 필요는 없다. 가족에 대한 마음의 강함과 깊이가 누구에게도 뒤지지 않는다면, 그런 사람이야말로 항상 가족과 함께하는 훌륭한 부모인 것이다.

결론은 가족을 소중히 하라는 것이다. 자기 자신이 아무리 성공하더라도 가족들이 뿔뿔이 흩어지거나 행복을 느끼지 못한다면 아무 의미가 없다. 중요한 것은 시간이 아니라 마음이다.

[가파른 언덕길을 선택하라]

40대는 '가파른 언덕길'의 시대라고 할 수 있다. 중국 정통 사상의 실천 윤리에 근원이 되는 책인 《역경》은 인생이라는 행로는 분기점의 연속이라고 설명하면서, 두 갈래 길 중에서 어느 쪽으로 나아갈지를 아는 것이 지혜로운 삶이라고 말한다.

40대는 내 앞에 놓인 두 갈래 길 앞에서 중대한 선택을 하는 시기다. 가파른 언덕길로 갈 것인가, 아니면 평탄한 언덕길을 선택할 것인가. 가파른 언덕길은 험난하고 굴곡이 심해서 걸어가기에 힘이 들지만 도착점까지의 거리는 상대적으로 짧다. 반면에 평탄한 언덕길은 완만해서 걷기에 편하지만 도착점까지는 아주 멀다. 당신이라면 어느 쪽을 선택할 것인가?

돌이켜 보면 나는 인생의 분기점에 설 때마다 항상 '가파른 언덕길'을 골랐던 것 같다. 30대에 창업을 한 것도 그런 선택의 하나였다. 한동안 일이 잘 풀리지 않아 몹시 고생을 했다. 그러나 힘들여 고갯

길을 넘고, 발이 퉁퉁 부르트도록 뛰고 또 뛰니 마침내 목표 지점에 이르게 되었고, 사업은 점차 확장되었다.

그렇다고 고통스러운 일들이 아주 없었던 것은 아니다. 40대가 되어서는 오히려 잘나가지 못했던 30대보다 몇 배나 더 크게 고생을 했다. 일이 제대로 풀리자 사업을 확장할 욕심에 사로잡혔다가 상당히 오랜 기간 크게 애를 먹어야 했던 것이다.

사실 40대에 순탄하게 사업을 해나가는 사람들 중에는 뭐 하나 두려울 게 없다는 생각으로 직진만을 외치다가 평생 일을 해도 갚지 못할 정도로 큰 빚을 지는 사람들이 적지 않다. 다행히 나는 다시 일어섰고, 다시 예전의 페이스를 찾을 수 있었다.

49세가 되었을 때, 나는 다시 한 번 가파른 언덕길을 택했다. 강의와 비즈니스 컨설팅이라는 회사의 정체성을 더욱 확연하게 드러내기 위해 관련 분야의 강사와 컨설턴트 육성에 힘을 기울이면서 서적 출판에도 더 많은 신경을 쓰기로 했다. 다소 우여곡절은 있었지만 그로부터 10년이 지난 지금 나는 일부러 가파른 언덕길을 골랐던 선택의 보람을 누리며 기쁘게 살아가고 있다.

당신은 어떤가? 주위를 돌아보면 40대 중반쯤 된 사람이 이제 서서히 도전을 멈추고 완만한 언덕길을 택하는 경우가 많다. 그저 무난하게 살아가는 게 최고 행복이라며 슬금슬금 꽁무니를 뺀다. 40대는 그런 식으로 늙어버리기엔 너무 이르다. 스스로를 더 강하게 연마하지 않는 40대는 이후 40년 이상 남은 삶에서 어떤 곤란을 겪을지 모른다.

40대 한복판에서, 상승하는 삶과 답보하는 삶을 결정하는 시점에 이르러 굳은 결심으로 가파른 언덕길을 고르는 사람은 50대 이후에 분명히 다른 결과물을 손에 넣게 될 것이다.

40대에 반드시
투자해야 할 것들

겸양의 습관   베풀어라, 그러면
세상이 따라온다

내가 원하는 것을 미루어 짐작해서
남이 원하는 것을 이해하는 것이 베풂의 시작이다.
은혜를 갚아야 한다는 부담을 주지 않고
진정으로 힘이 되어주는 마음을 유지하라.
마음이 통하면 사람이 따르고,
사람이 따르면 세상이 따라온다.

[베풂의 삶이 가져다주는 것들]

40대엔 '베풂의 삶'이 매우 중요하다. 나는 이 말을 종이에 써서 벽에 붙여 놓고 매일 아침마다 그런 삶의 주인공이 되겠다고 다짐한다. 베풂의 삶이란 무엇인가? 이는 한마디로 살면서 당신에게 '정말로 신세를 졌습니다. 은혜를 입었습니다'라고 말해주는 사람을 얼마나 만드는가 하는 문제다.

40대는 은혜를 받는 일이 많은 것만큼이나 베푸는 일도 많을 때인데, 받기만 하고 베푸는 일에 등한하다면 10년 후에는 은혜를 갚을 일만 수두룩할 뿐 누구한테 베풂을 받는 일은 드물 것이다.

40대에 누군가에게 베푼다는 것은 인간관계의 문제이기도 하지만 상당 부분 비즈니스와 연결되어 있다. 비즈니스의 정상에 있는 사람들의 자서전을 읽거나 강연을 들으면 그들이 한결같이 '베풀어라, 그러면 세상이 따라온다'고 말한다.

사실 비즈니스를 목적으로 인맥을 만들고 싶어 열심히 사람을 만나러 다니거나 시시때때로 명함을 주고받는 것만으로는 좀처럼 연결되지 않는다. 일이 제대로 풀리려면 역시 마음을 열어놓고 대하는 인간관계가 먼저 구축되어야 한다는 뜻이다. 사심이 먼저 자리를 잡아서는 어렵다는 의미이기도 하다.

나는 비즈니스 상대가 현재 신경 쓰고 있는 일이나 곤란한 문제, 고민하고 있는 일을 언제든 나와 터놓고 상의하도록 분위기를 이끄는 일에 주력해왔다. 한마디로 말해서 비즈니스 상대가 아니라 마음 편히 대하는 동료, 언제든 만나 허심탄회하게 이야기를 나누는 친구가 되기 위해 노력했다.

그래도 처음 얼마 동안 사람들은 좀처럼 쉽게 마음의 문을 열려고 하지 않았다. 그러다 만남을 거듭하는 사이에 나를 믿고 점점 마음을 터놓는 사이가 되고, 사람들이 내게 크고 작은 일에 조언을 구하는 일이 생기면서 관계가 점점 발전하게 되었다.

그때 나는 진정한 비즈니스는 마음을 얻는 일이라는 사실을 실감할 수 있었다. 베풂의 삶이 세상을 따라오게 하는 비결이라는 비즈니스 선배들의 말이 맞은 것이다. 상대방에게 진심으로 대하면 결국 진심의 보답이 찾아온다는 사실을 잊지 마라. 돈으로 은혜를 사려는 마음이나 대가를 바라는 베풂은 절대 안 된다는 얘기다. 《채근담》에 이런 말이 있다.

———

덕을 베풀려거든 무릇 아주 작은 일부터 베풀 것이요,
은혜를 베풀려거든 보답하지 못할 사람에게 힘써 베풀어라.
謹德 須謹於至微之事. 施恩 施於不報之人.

———

은혜를 베풀면서 뭔가 대가를 바라는 마음이 전제되어서는 안 된다는 뜻이다. 베풂의 삶을 살면서 상대에게 은혜를 갚아야 한다는 부담을 주면 안 되고 진정으로 힘이 되어준다는 마음을 유지해야 한다는 것이다. 《논어》에는 공자의 제자인 자공(子貢)이 스승께 진정으로 어질다는 것이 무엇인지를 묻는 장면이 나온다.

"만약 백성들에게 널리 베풀고 많은 사람들을 구제할 수 있다면, 어질다고 할 수 있습니까?"

이에 대한 공자의 대답은 간단하면서도 명쾌하다.

"어질다는 것은 자신이 서고자 할 때 남부터 서게 하고, 자신이 뜻을 이루고 싶을 때 남부터 뜻을 이루게 해주는 것이다. 자신이 원하는 것을 미루어 남이 원하는 것을 이해하는 것이 바로 인(仁)의 실천이다."

나보다 남을 먼저 생각하는 마음이 배려의 시작이다. 무조건 나를 내던지고 타인의 삶에만 관심을 기울이라는 뜻이 아니다. 공자의 말대로 내가 원하는 것을 미루어 짐작해서 남들이 원하는 것을 이해하면 그것이 바로 베푸는 삶의 시작임을 40대들은 명심하기 바란다.

[자신을 확장시킨다는 것]

"10년이 걸려서 노력하다 보면 대부분의 일은 반드시 이룰 수 있다."

내가 강의할 때마다 하는 말이다. 어림잡아 10년이 아니다. 매일 하루도 거르지 않고 10년을 착실히 노력한다는 뜻에서 하는 말이다. 미국 작가 말콤 글래드웰은 세계적인 베스트셀러 《아웃라이어》에서 역사상 최고 천재들의 공통점은 타고난 천재성보다는 여건과 노력이 성공의 비결이라고 했다.

그러면서 말콤 글래드웰이 제시한 것이 바로 '1만 시간의 법칙'이다. 그가 말하는 1만 시간은 대략 하루 3시간, 일주일에 20시간씩 10년간을 연습하는 것이다. 그는 이 시간을 하나의 목표를 이루는 데 온전히 집중한다면 이루어지지 않는 게 오히려 이상한 일이라고 했다. 이 또한 앞서 말한 '열정적 끈기'에 관한 이야기다.

나는 서른 살이 되던 해에 앞으로 10년 동안 300권의 동양고전을 독파하겠다는 계획을 세우고 하루도 거르지 않고 실천했다. 10년 동안 300권이면 1년에 30권이다. 이렇게 10년을 하루도 거르지 않고 동양고전을 읽으면서 다른 관련서적을 찾아 읽다 보니 40세가 되자 누구보다 폭넓은 독서 편력을 자랑하게 되었다.

이때 깨달은 일인데 독서만큼 중독성이 강한 습관도 없다는 것이다. 어떤 책을 하루에 몇 페이지씩 읽겠다는 목표를 세우고 실행을 해나가다 보니 그 계획을 실천하지 않고 그냥 잠자리에 드는 날이면 마음이 불편해서 도저히 눈을 못 붙이고 벌떡 일어나 하루 분량을 채웠다.

대부분의 직장인들은 평일에는 업무에 지쳐 책을 읽을 시간이 없고, 휴일에는 가족들과 어울려야 하니 독서는커녕 더 피곤한 하루가 된다며 책을 멀리하는 생활을 변명한다. 과연 오늘을 사는 직장인들에게 정말로 책을 읽을 시간이 없을까? 여기 책 읽는 습관에 대한 재미있는 고사가 있다. 위(魏)나라의 유명한 학자 동우(董遇)는 제자가 되기를 청하는 젊은이들에게 늘 이렇게 말했다.

"어떤 글이라도 백 번을 읽으면 뜻이 저절로 드러난다."

읽고 또 읽다 보면 책 속의 지혜가 보인다는 뜻이다. 그러면 젊은 이들이 책을 읽을 여가가 없다고 답하곤 했는데, 동우는 그들의 궁색한 변명을 꾸짖으며 이렇게 말했다.

"왜 책을 읽을 시간이 없다고 말하는가? 농사일이 없는 겨울, 한적하고 편안한 밤, 그리고 일을 못하는 비 오는 날 등 여가는 충분하지 않은가?"

자기 확장의 기회는 독서 말고도 얼마든지 있다. 나는 강의나 연수가 끝나면 레스토랑 같은 곳으로 이동해서 참석자들과 활발하게 의견을 교환한다. 그러면 다양한 업종의 사람들이 하나의 주제를 놓고 열띤 토론을 벌여 자리가 무척 흥미진진해진다. 참석자들이 다른 업계 사람들의 이야기를 들으면서 크게 자극을 받았는지 이런 자리가 너무 좋다며 정기적으로 모임을 갖자는 말도 나온다.

이럴 때 당장 찬성의 뜻을 보이며 곧바로 정기모임을 기획하고 실행하는 사람은 자신의 일과 인생을 재미있게 적극적으로 살아가는 사람이다. 세상과 타인에 대한 관심이 클수록 삶이 풍부해지는 것은 당연하다. 그런 사람은 쑥쑥 성장하기 마련이어서 목표에 빠르게 도달한다.

반면에 해야 할 일이 산더미라서 힘들 것 같다며 뒤로 물러나는 사람은 자신의 일과 인생을 재미없고 소극적으로 살아가는 사람이다. 자기 삶의 울타리 안에 갇혀서 그런 일상에만 안주한 채 살아가는 사람에게 발전이란 없다.

인생이나 직업적 일이 원하는 대로 잘 흘러가는가, 아니면 제대로 흘러가지 못하는가 하는 문제는 자신을 확장시키기 위해 얼마나 흥미로운 시선으로 세상을 바라보는지에 달려 있다고 생각한다.

그래서 나는 오래전부터 사람들에게 '해낸다, 배운다, 즐긴다'의 사이클을 돌리라고 말해왔다. '해낸다'는 것은 자신이 해야 할 역할을 반드시 이뤄낸다는 의미다. 그 때문에 반드시 하지 않으면 안 되는 일들을 '배우고', 그 성과를 살려서 하나의 일을 달성해내면 최후에는 자신이 좋아하는 일을 '즐기게' 된다.

이 사이클을 밟아나갈 때의 쾌감을 기억하면, 살면서 만나는 크고 작은 일들을 아주 재미있게 꾸려나갈 수 있다. 내 경우에 30대 중반 무렵부터 이 사이클을 밟아나가 큰 성과를 얻어낼 수 있었다.

가령 한 사람의 컨설턴트로서 기업의 인사담당자에게서 '인사 제도를 개선하고 싶다'는 요청을 받으면, 그 길로 서점으로 달려가서 관련도서를 최대한 사들여 공부했다. 그렇게 그 분야의 책을 대량으로 읽으면 그들의 세계를 관통하는 상식을 알게 된다. 여기서 말하는 상식이란 모든 책에 공통으로 들어 있는 내용으로, 대부분의 회사가 겪고 있는 문제는 이런 상식의 결여에서 나오는 것이기에 담당자와 함께 해결책을 고민하다 보면 답을 찾을 수 있었다.

그런 과정에서 동양고전은 내게 큰 힘이 되었다. 300권의 동양고전으로 무장된 나의 지식체계에 더해서 나는 지금도 일주일에 적어도 한 권의 신간은 꼭 읽는데, 이러다 보니 지식의 확장이 무한대로 뻗어나가는 걸 느끼게 된다.

당신도 늦지 않았다. 책을 읽는 사람은 강해진다. 독서가 당신의 가능성을 열어주는 지름길이라 생각하고 오늘부터 착실히 실천하기 바란다.

담대의 습관

탁월한 리더들은
생각이 다르다

외모를 가꾸는 일도 하나의 투자다.
40대라면 옷차림이나 외모에
무게감 있고 당당해야 한다.
살기도 팍팍한데 외모 가꾸기가
가당치 않다고 말하지 마라.
힘들수록 더욱 당당하고 깔끔해야 한다.

[항산항심]

40대는 '3무(無)'의 시대다. 가장 바쁠 때이기에 '시간'이 없고, 아이의 교육비나 대출금의 부담 때문에 '돈'이 없으며, 육체적으로 바닥이어서 '체력'이 없다. 젊을 때는 돈이 없어도 시간과 체력은 있고, 노년기에 들어가면 체력은 없지만 시간과 돈이 있다. 그런 시기에 비하면 40대는 시간과 돈, 체력이 바닥이어서 인생에서 가장 괴로운 시기라고 할 수 있다.

어느 날 맹자에게 제(濟)나라의 선왕(宣王)이 바른 정치에 대해 묻자, 맹자는 백성들이 배부르게 먹고 따뜻하게 지내면 왕도의 길은 자연히 열리게 된다며 이렇게 말했다.

경제적으로 생활이 불안정해도 항상 바른 마음을 지닐 수 있는 것은 오
직 뜻 있는 선비만 가능한 일일 뿐, 일반 백성은 경제적 안정이 없으면
항상 바른 마음을 가질 수가 없습니다. 항상 바른 마음을 가질 수 없
다면 방탕하고 편벽되며 부정하고 허황되어 어찌할 수가 없게 됩니다.
그들이 죄를 범한 후에 법으로 그들을 처벌한다는 것은 곧 백성을 그물
질하는 것과 같습니다.
無恒産而有恒心者 唯士爲能 若民則無恒産 因無恒心 苟無恒
心 放僻邪侈 無不爲已 及陷於罪然後 從而刑之 是罔民也.

여기서 나온 말이 '항산항심(恒産恒心)'으로, 생활이 안정되어야 바
른 마음을 유지할 수 있다는 뜻이다. 이를 오늘을 사는 40대의 삶에
비유해서 말하면, 생활이 안정될 만큼 돈이 있어야 제대로 꿈을 꿀
수 있고 그 꿈을 따라 미래로 향할 수 있다는 말로 바꿀 수 있다.

40대는 돈과 시간, 체력을 하나의 다발로 잘 묶어서 다음 단계를
위해 투자하는 시기다. 무엇에 투자하는가? 바로 '공부'다. 자신의 실

력을 향상시키기 위한, 교양을 기르기 위한, 인간관계를 넓히기 위한 공부에 투자하는 것이다.

하지만 자신에 대한 투자가 이것 하나에 그쳐선 안 된다. 외모를 가꾸는 일도 하나의 투자다. 40대라면 10년 전의 옷차림이나 외모가 아니라 좀 더 무게감 있는 당당한 모습이어야 한다. 살기도 팍팍한데 외모 가꾸기가 가당치 않다고 말하면 안 된다. 힘들수록 더 당당하고 깔끔해야 한다.

나는 생활이 몹시 곤궁했던 30대 초반에 지인으로부터 이탈리아제 고급가방을 선물 받은 적이 있다. 당시의 내 형편엔 도저히 어울리지 않는 고가의 물건이었다. 하지만 나는 역설적으로 이 가방에 상당한 위로를 받았다. 고급스러운 가방에 어울리는 사람이 되겠다고 다짐하며 행동하니 사람들이 나를 다르게 대했다.

상담을 위해 기업의 임원을 만나러 갈 때는 그 가방을 자랑스럽게 둘러메고 갔다. 그러면 첫 대면하는 사람들이 약속이나 한 듯이 '그 가방 참 멋지네요!'라고 말해줘서 부드러운 분위기가 되었고, 거기서부터 대화가 자연스럽게 전개되곤 했다. 40대에 양복, 넥타이, 구두, 안경 등 뭐라도 좋으니 일류 제품 하나쯤은 갖고 있는 것도 중요하다. 그런 물품들이 의외로 나를 격려하고 응원하는 도구가 되기 때문이다.

나는 강의에서 40대라면 자기투자에 시간과 돈과 체력을 아끼지 말라고 권고하곤 한다. 이렇게 말하면 누군가는 그런 식으로 자기 투자에 매달리다 보면 노후 준비를 할 수 없을 거라고 말할 것이다. 틀린 말은 아니다.

확실히 40대가 되면 노후가 슬슬 걱정된다. 그렇지만 40대에 더 큰 발전을 위해 자기투자에 투입해야 할 돈을 노후에 대비한 장기저축으로 돌려서 하루하루 삶에 급급하게 되면 오늘을 저당잡힌 채로 살아가는 것과 마찬가지다.

나는 40대 중반 정도까지 순조롭게 살아왔지만 이후 급격히 몰락해버리는 사람을 여럿 보아왔다. 한때는 누구보다 가장 높이 날아오를 것 같던 사람이 졸지에 시야에서 사라진 이유는 무엇일까? 한마디로 말해서 그들은 40대에 자기투자에 태만했기 때문이다.

이와는 반대로 시간과 돈과 체력을 잘 관리해서 현명하게 자기투자를 하는 사람들은 계속 성장해가서 50대에 누구보다 앞에 서 있게 된다. 그렇기에 40대에 반드시 명심해야 할 것은 50대, 60대 이후에도 계속 돈을 만들어내는 사람이 되기 위한 준비 작업을 게을리하면 안 된다는 것이다. 이것이 바로 맹자가 주장한 항산항심의 정신이다.

[탁월한 리더들의 생각 법칙]

20대, 30대는 실수를 해도 어쨌든 살아남을 수는 있다. 업무적으로
웬만한 실수는 성장 과정에서 흔히 있는 일이니 너그럽게 넘어갈 수
있다. 하지만 40대는 다르다. 실패를 했어도 그럭저럭 머리를 긁적이
며 넘기려는 태도는 용납되지 않고, 바닥이 보일 정도로 얄팍한 지식
을 내세우며 득의양양하면 금세 탄로가 나서 얕잡아 보일 뿐이다.

따라서 40대부터는 실력이 없는 것이 드러나지 않도록 진정한 실
력을 기르지 않으면 안 된다. 옛사람들은 금속을 반복해서 두드려 단
련을 시키듯이 자신을 두드려서 실력을 단련시켜야 한다고 가르쳤
다. 어떤 것도 속성으로 해서는 결코 얻지 못하니 수없이 자신을 단
련시켜서 실력자가 되라는 충고다.

이처럼 40대는 앞으로의 인생을 잔재주를 부리며 표면적으로 살아
갈지, 아니면 진정한 실력 향상을 목표로 열성을 다해 뛰어갈지를 결
정하는 시기다. 타성에 젖은 채로, 그저 오랜 시간 해오던 그대로 일
해서는 50대를 앞두고 되돌아갈 수 없는 막다른 길로 접어들 것이다.

따라서 40대는 얄팍함이 아닌 진정한 지식을 기를 수 있도록 실력
을 쌓아야 하고, 모든 일에서 경영자의 관점으로 일하는 태도를 가져
야 한다. 중간관리자로서 경영자와 같은 위치에서 생각하고 판단하

는 태도가 필요하다는 것이다.

　나는 영업직이니 상관없겠지, 나는 총무 파트에서 일하니 관계없
는 일이다, 이렇게 생각하면 안 된다. 지금은 영업직이지만 머잖아 매
니지먼트 쪽을 담당하지 말라는 법이 없고, 그러면 회사 입장에서 판
단해야 하는 일도 많아지게 된다.

　따라서 40대는 사람들을 리드하는 자질이 없으면 안 된다. 다양한
상황에서 경영자 입장에서의 관점과 판단이 요구되는 일이 빈번해지
는데, 이때 중요한 것은 다른 측면에서 사물을 관측하고, 장기적인 전
략하에서 상황 판단을 할 수 있는 능력이다. 이런 능력에 따라 40대
이후의 삶은 하늘과 땅 차이가 된다.

　내가 30대 초반 무렵에 잠재능력 개발을 위해 훈련했던 방법이 좋
은 예가 될 것이다. 동양고전의 지혜를 비즈니스 컨설팅과 강의에 적
용하는 일을 하고 싶어서 어느 대학교수에게 편지를 보냈다.

　"교수님 밑에서 동양고전을 심도 있게 공부하여 비즈니스맨들을
위한 강의나 컨설팅에 활용하고 싶으니 공부를 허락해주십시오."

　하지만 교수의 반응은 차가웠다. 그는 무엇보다 30대 초반이라는
나이를 문제 삼았다. 옛날에 고전 공부는 15, 16세부터 시작했고, 지
금이라면 아무리 늦어도 대학생 때부터 시작해야 하니 포기하는 편
이 좋겠다는 답변을 보내왔다.

그럼에도 실망하지 않고 공부하겠다는 의지를 거듭 표명했더니, 교수가 어쩔 수 없다는 듯이 받아들이면서 한 가지 조건을 내세웠다. 그가 내세운 조건은 1년 안에 '동양적인 관점'을 갖춰야 한다는 것이었다. 이런 관점이 없으면 아무리 한문을 많이 알아도 문자를 이해하는 것에 그치니 동양고전은 살아 있는 학문이 되지 못한다고 했다. 동양적인 관점이라니, 내가 그런 추상적인 대답을 이해할 리 없었다. 혼자 끙끙 앓다가 얼마 뒤에 교수에게 직접 무슨 뜻인지를 물어보니 이런 답이 돌아왔다.

"동양적인 관점이란 '근원적 관점, 장기적 관점, 다양한 관점'이라는 세 가지 조건을 두루 갖춘 태도를 말한다. 자네가 맨 먼저 취득해야 할 것은 근원에 관한 인식으로, 언제 무엇을 하고 있을 때라도 보고 들은 것, 경험한 것의 모든 일에 대해 '이것의 근원은 무엇인가?' 하고 계속 생각하는 것이다. 그리하여 언젠가 사람들이 '당신은 사물을 근원적으로 바라보는 사람이군요!'라고 말하면 그때는 '근원'을 졸업했다고 볼 수 있다.

그 뒤 장기적 관점과 다양한 관점에 대해서도 똑같이 트레이닝을 해야 한다. 그런 뒤에 누군가로부터 '당신은 장기적 관점을 가진 사람이군요!', '당신은 사물을 참으로 다양하게 바라보는 사람이군요!' 라는 말을 들으면 합격이다. 이 세 가지 조건을 1년 안에 마칠 수 있다면 비로소 동양적인 관점을 마스터했다고 볼 수 있고, 그때부터 본격적으로 동양고전을 공부할 수 있다."

나는 커다란 종이에 '근원'이라고 쓰고 벽에 붙여 놓았다. 그뿐만 아니라 수첩이나 다이어리, 사무실 책상에도 같은 말을 반복적으로 써 붙였다. 그러면서 언제 어디서든지 눈에 보이는 모든 것들에 대해 근원은 무엇인지 따지고, 답을 찾으려 했다.

물론 처음부터 잘되지는 않았다. 그러나 아이가 어떤 물건을 보고 엄마한테 '왜?'라는 질문을 계속 던지듯이 어떤 사물에 대해 의문부호를 계속 던지니 어렴풋이나마 근원을 따진다는 것이 무엇인지를 이해하게 되었다.

근원에 대해 생각한다는 것은 어떤 문제의 발단이나 눈에 보이는 사물의 뿌리에 대해 생각한다는 것이다. 왜 저렇게 되었을까, 어떤 경로를 거쳐서 지금에 이르렀을까? 여기까지 오는 동안 어떤 사람들이 연관되어 있을까? 이대로 계속된다면 장차 어떤 상황이 펼쳐질까?

이런 습관이 몸에 붙으면 어떤 문제에 대해 생각의 꼬리를 물고 이어지는 질문들이 머리에 가득 차게 된다. 그 질문들이야말로 나로 하여금 인문학적인 담론에 사로잡히게 했고, 생각의 깊이를 더할수록 세상을 보는 눈이 넓어지고 깊어지는 느낌이었다. 그렇게 반년 정도 지났을 때, 어느 모임에서 '당신은 사물을 근원적이고 본질적으로 바라보는 사람이군요!'라는 말을 들었다. 그때 나는 하늘로 뛰어오를 정도로 이루 말할 수 없이 기뻤다.

그 다음부터는 일사천리였다. '장기적인 관점 트레이닝'은 어떤 사물이나 문제에 대해 역사적 가치와 미래 가치를 동시에 따져보는 과정으로, 이로써 나는 세상의 모든 것들이 존재하는 이유와 가치를 다양한 측면에서 바라보는 습관을 갖게 되었다. 마지막으로 '다양한 관점의 트레이닝'은 그간의 생각과 습관에다 보다 깊고 넓은 사고를 더하는 일이기에 일부러 다양성이라는 말을 외치고 다니지 않아도 되었다.
이렇게 생각의 폭을 넓히고, 깊이를 더하니 나는 매사를 보다 창의적으로 생각하는 사람이 되었다. 오랜 세월 고전의 향기를 맡으며 살아온 전문가들보다는 못하지만, 근원을 따지고 역사적인 흐름을 파악한 뒤에 그로써 일어날 수 있는 미래와 다양한 현상을 고민하니 남보다 폭넓은 세계관을 지닐 수 있었던 것이다.

그 뒤 나는 MBA를 취득하지 않았어도 대기업 경영자들의 다양한 문제를 컨설팅해주는 상담역으로 일할 수 있었다. MBA 취득자나 해외 비즈니스 경험이 있는 컨설턴트들의 조언은 비즈니스라는 한정된 세계를 벗어나지 못하는 데 반해서, 나는 수천 년 동안 이어온 동양 고전 속의 다양한 사례를 곁들인 지혜였기에 경영자들로부터 더 크게 도움이 되었다는 말을 자주 들었다.

상식의 습관   무례한 인간에게
미래는 없다

직장에서 신뢰와 인정을 받는 40대는
자기 자리에 만족하는 대신
새로운 사회의 변화를 따라가지 못하게 된다.
그러다 문득 거울 속에서
50대 장년의 얼굴을 마주하게 된다.
40대가 되면 여자든 남자든
부끄러움이란 개념을 생각해봐야 한다.

[상식의 한계를 벗어나지 않는다]

맹자는 바른 인간이 되려면 네 가지 마음가짐이 필요하다고 설파했다. 맹자는 이를 '사단(四端)'이라고 이름 붙이고, 사람이 세상을 살아가는 데 꼭 필요한 개념이라 했다.

첫 번째가 '측은지심(惻隱之心)'이다. '어짊'을 바탕으로, 곤란에 처한 사람을 보면 가엽게 여기는 정신을 말한다. 두 번째는 수오지심(羞惡之心)이다. '의로움'을 바탕으로 자신의 부정을 부끄러워하는 정신이다. 세 번째는 '사양지심(辭讓之心)'이다. '예의'를 바탕으로 양보하는 정신을 말한다. 네 번째는 '시비지심(是非之心)'으로, '지혜로움'을 바탕으로 인간으로서 올바른지 그른지를 판단하는 정신이다.

이를 현대적으로 말하자면 어짊과 예의는 인간성, 의로움과 지혜로움은 사회성의 기본이 되는 규범이라고 할 수 있다. 나는 40대에 이들 네 가지 개념을 익혀야만 제대로 대접받는 리더가 될 수 있다고 생각한다.

그중에서도 성공하는 삶의 주인공이 되려면 '예의'에 초점을 맞춰야 한다. 《논어》에 '극기복례(克己復禮)'라는 말이 있다. 제자 안연이 인(仁)이란 무엇인지를 묻자, 공자는 이런 답을 내놓는다.

"스스로를 이기고, 예로 돌아가는 것이다."

스스로를 이긴다는 뜻의 '극기'는 자기 안에 존재하는 나쁜 생각이나 사욕에 빠지려는 마음에 흔들리지 않고 올바른 인간성을 지키는 것이다. 곤란한 상황에 처했을 때 그 자리를 피하려고 거짓말을 하거나, 눈앞의 이익에 눈이 멀어 나쁜 일을 벌인다면, 자기 자신에게 패배하는 것밖에 되지 않는다. 그렇게 회피와 외면으로 당면한 문제가 처리된다 해도 돌아오는 것은 결국 패배뿐이다.

예로 돌아간다는 말은 지위고하를 막론하고 모든 이에게 존경의 마음을 갖고 인간으로서 규범을 지키면서 바른 행동을 한다는 뜻이다. 연령이나 지위, 재산 같은 조건으로 상대방이 나보다 위인지 아래인지를 판단하여 예의를 잃은 행동을 하는 사람은 언젠가는 자기만의 굴레에 빠지게 된다.

리더의 위치에 있는 40대는 더욱 성실하게 극기복례를 실천하는 것이 중요하다. 이것이 없다면 그가 이끄는 집단은 무례하고 비열한 사람들로만 가득해서 조직 자체가 무질서한 방향으로 흘러가게 된다. 이와는 반대로 리더가 극기복례의 자세를 몸소 실천하면 조직원들은 보고 배우고 깨달아서 질서를 지키게 된다.

유교사상의 근본이념으로 '수기치인(修己治人)'이라는 것이 있다. 수기는 자기 자신을 엄격하게 평가하고 관리하는 것으로, 이것이 충족되면 자연스럽게 사람을 다스릴 능력인 치인이 가능해진다.

옛사람들은 세상에서 가장 다루기 힘든 것이 자기 자신이라고 말했다. 자기 자신을 마음이 가는 대로 그냥 놔두지 않고 누구보다 엄격하게 대하는 사람은 주위사람들로부터 신뢰를 받게 된다.

스스로를 이길 수 없는 사람은 경쟁사회에서 살아남을 수가 없다. 자기 자신을 뛰어넘지 못하면 세상 사람들에게 좋은 영향을 끼칠 수 없기 때문이다. 그런 의미에서 극기복례와 수기치인은 경쟁사회에 휘둘리지 않고 강한 자신을 만들어나가는 핵심 키워드라고 할 수 있다.

40대는 경험과 실력이 쌓여서 그 어느 때보다 자신만만하기만 한 시기이기 때문에 기개가 너무 넘치다 보니 상식의 한계를 벗어나는 경향을 보인다. 진정한 예의란 세상의 상식을 중요히 여기는 태도도 포함된다. 《채근담》에는 그것을 경계하는 글이 있다.

———

기개가 넘치는 것은 필요하지만,
지나치게 유별나서 조잡해서는 안 된다.
氣象要高曠 而不可疎狂.

———

자기 삶을 확장하기 위해 힘차게 도전하는 것은 당연한 일이지만 반드시 바른 길을 가라는 충고다. 상식의 범주를 벗어나 자기 뜻대로 행동하다가 탈이 나면 돌이키기 힘들다는 경고이기도 하다.

어느 대기업에서 추진하는 중요한 프로젝트에 참석했을 때의 일이다. 참석자들은 대부분 중소 연관업체의 대표들로 50대, 60대들이 대부분이었다. 어떤 사안에 대해 열띤 토론 끝에 결론을 내릴 시점에 이르자, 회의 진행자가 참석자들에게 말했다.
"지금까지 논의한 문제에 대해 말씀하실 분이 계시면 마지막으로 자유롭게 발언해주십시오."

이 말이 끝나자마자 맨 먼저 어느 회사의 사장을 대신해서 나왔다는 40대 후반의 부장이란 사람이 기다렸다는 듯이 손을 들었다. 그는 회의를 하는 동안 일체 발언을 하지 않고 진행 과정만 지켜보았는데, 느닷없이 이렇게 말했다.

"저는 지금의 안건에 찬성할 수 없습니다. 왜냐하면……."

그러면서 장황하게 자기 의견을 토로하는 그를 참석자들은 어처구니없다는 듯이 노려보았다. 결론이 마음에 안 들면 애초에 활발하게 발언을 해야지 이제 와서 자신의 부정적인 견해를 끊임없이 떠들어대다니 정말 어이가 없었다.

더 심각한 문제는, 그가 말을 끝내고는 다른 미팅 약속이 있다며 회의장을 빠져나갔다는 점이다. 한 회사의 대표로 나온 사람이 업계의 선배들에게 보이는 무례함에 참석자들은 할 말을 잃었다.

그는 어쩌면 자기가 몸담고 있는 회사는 연령이나 계급에 관계없이 당당하게 의견을 피력하는 문화가 있다고 말할지 모른다. 그러나 그 회사는 그럴지 몰라도 세상의 상식은 다르다. 그런 식으로 무례하게 굴면 사회에서 인정받을 수 없는 게 비즈니스 세계의 철칙이다.

내가 심각하게 생각하는 것은 이런 종류의 비상식적인 사람들이 점점 늘고 있다는 것이다. 세상 돌아가는 형편에 상식적인 판단을 할 수 없고, 분위기를 읽어내는 눈도 없다면 그 사람의 미래는 뻔하다. 40대임에도 이런 태도로 한 번이라도 지적을 받은 사람은 이 기회에 심각하게 자신을 돌아보기 바란다.

[부끄러움을 안다는 것]

나이를 먹으면 용모가 예전 같지 않게 초라해지는 것이 당연하다. 유행에 따른 패션 같은 건 이제 그다지 염두에 두지 않기 때문이고 나이를 먹으면 자연스레 노화가 진행되기 때문인데, 그렇더라도 40대를 어떤 마음가짐으로 살아가느냐에 따라 사정은 달라진다.

내면을 한층 충실하게 단련해서 훌륭한 인격체로 거듭난다면 젊은 사람들한테는 찾아보기 힘든 매력을 발산할 수 있다. 이를 바꿔 말하자면, 50대로 접어들면 본격적으로 체력이나 용모, 미래를 향해가는 에너지도 쇠퇴하기 때문에 이를 방지하기 위해 40대 때 착실히 준비해둘 필요가 있다는 것이다.

이런 때 아주 중요한 마음가짐 중의 하나가 바로 부끄러움을 아는 일이다. 40대를 넘으면 일이든 인생이든 익숙함에서 오는 뻔뻔함이 생긴다. 회사에 가면 조직 시스템이 작동하기 때문에 가만히 손을 놓고 있어도 큰 무리 없이 진척되니 예전처럼 치열하지 않아도 된다. 이는 여성도 예외가 아니다. 어느 책에서 다음과 같은 글을 읽은 적이 있다.

"여성에게 40세라는 나이는 인생의 전환점이다. 30세 전후는 아직 부끄러움이 있고 주변의 눈치도 보기 마련이다. 그러다 40세가 되면 자신을 꾸미는 마음이 예전 같지 않게 되고, 대신 세상에 익숙해져 사람을 다루는 솜씨가 좋아진다. 주위로부터 현명한 여성이라 불리는 것도 이때쯤이지만, 점점 부끄러움을 잊고 예쁘게 보이고 싶다는 마음만 있어 낭패를 보는 경우가 많다."

꽤나 신랄한 글이지만, 대체로 옳은 말이라고 생각한다. 확실히 40대 이상의 여성들은 세상사에 익숙해져서 매사에 베테랑이라는 소리를 듣지만 어느 부분에서는 태만해지는 경향이 분명히 있다.

물론 40세라면 여전히 젊어서 아직 여성으로서의 매력이 충분히 남아 있다. 더구나 요즘은 안티에이징이 대세여서 아름다움에 신경을 쓰는 여성들이 대다수다. 그럼에도 조심하지 않으면 안 되는 것이 점차 부끄러움을 잃어버리고 뻔뻔해져서 그냥 아줌마로 전락할 위험이 있다는 것이다.

그렇다고 남자들이 이 말에 맞다고 박수를 쳐서는 안 된다. 남자들도 40세가 넘으면 인생의 전환점을 맞이하기는 마찬가지이다. 일에 너무 익숙해져서 자만하다 보면, 현재 위치에 만족하고 있을 동안에 시대 변화를 따라가지 못하게 된다. 예전부터 해온 일에 익숙함이 더해진 것뿐인데도 이를 실력으로 착각할 수 있다. 익숙함만으로는 그냥 일을 계속할 뿐으로, 이 정도 실력으로 성공한 사람의 대열에 서기는 어렵다.

또한 40대는 가장 에너지가 충만할 때여서 원숙함까지 더해져 사람들로부터 믿음을 받게 된다. 하지만 믿음과 인기만큼 제대로 자기 삶을 이어나가지 못할 위험도 크다. 그러다 시간이 화살처럼 빠르게 지나가면 어느새 50대 아저씨로 변한 자기 모습을 거울을 통해 발견하게 된다. 40대가 되면 남자든 여자든 한 번쯤 부끄러움이라는 개념을 생각할 필요가 있다.

공자는 제자가 훌륭한 인간이란 어떤 사람이냐고 묻자 행기유치(行己有恥)라고 간단히 답했다. '자신의 행동에 부끄러워함이 있어야 한다'는 뜻이다.

부끄러움을 아는 사람은 어떤 성장을 해도 여전히 '아직'이라며 조심하는 태도를 잃지 않는다. 그만큼 자신 안에 더 발전하고 도약하

겠다는 '자기향상의 메커니즘'을 갖고 있는 것이다. 그런 마음가짐을
발판으로 40대를 살아가는 인생의 한복판에 자기 삶에 승부를 거는
새로운 출발선을 그어보기 바란다.

품위의 습관

지식인처럼 생각하고,
인격자처럼 행동하라

40대는 이래저래 고민이 많은 때이다.

나와 상관없는 일에 발을 들여놓았다가

결론이 나지 않는 고민에 머리를 싸맬 때가 많다.

큰 인물들은 '이미 일어난 일에 대한 책임'을

늘 '나'에게 묻는다.

인간을 강하게 단련하는 최고의 방법이다.

[현명함과 어짊의 40대가 되자]

40대가 되면 인생을 즐기라는 말을 자주 듣는다. 인생을 즐긴다는 것은 무슨 뜻일까? 《논어》에는 40대에 걸맞은 인생의 즐거움에 관한 조언으로 '인자요산 지자요수(仁者樂山 智者樂水)'라는 말이 나온다. 어진 사람은 산을 좋아하고, 지혜로운 사람은 물을 좋아한다는 뜻이다. 이를 현대적으로 해석하면 다음과 같다.

"현명한 사람은 흐르는 강물처럼 변화하기 쉬운 유행을 즐기고, 어진 사람은 산처럼 불변의 진리를 추구하는 것을 즐긴다. 현명한 사람은 활동적으로 인생을 즐기고, 어진 사람은 편안한 마음으로 나날을 보내어 장수를 누린다."

공자는 우리에게 현명한 삶을 택할 것인가, 아니면 어진 삶을 택할 것인가를 묻는 게 아니다. 어느 쪽이 좋고 어느 쪽이 나쁜지가 아니라 인생을 즐기는 일에는 어느 쪽이든 상관없이 소중하다는 뜻이다. 요컨대 40대는 현명함과 어짊의 두 가지 조건을 두루 갖추는 것이 필요하다는 것이다.

비즈니스의 최전방에서 활약하는 40대는 시대 흐름을 민감하게 탐지하면서 매일 새롭게 도전하는 자세를 견지해야 한다. 그러려면 누구보다 현명하게, 그리고 능동적으로 자기 삶을 이끌어가는 사람이 되어야 한다.

그런 한편으로, 조직의 중심에 있는 사람으로서 흔들림이 없는 존재감을 발휘해야 한다. 그러기 위해서는 인간관계의 바탕은 어짊으로 위아래를 조율하고, 현명함으로 조직을 안정되게 이끄는 리더가 되어야 하는 것이다.

여기서 주의할 점이 있다. 40대에는 아직은 현명함이 큰 부분을 차지해도 좋지만 점차 나이를 먹어가면서 어짊의 품격을 갖추는 것이 이상적이다. 어질다는 것은 사람의 성품이 너그럽고 덕이 높다는 뜻으로 타인의 잘못을 받아들이는 용서, 타인을 먼저 생각하고 양보하는 배려, 그리고 자신을 낮추는 겸손이 40대의 무기가 되어야 한다는 것이다.

따라서 동료나 아랫사람의 잘못에 대해 지나치게 추궁하거나 비판하지 말고, 자기 이익만을 챙기는 이기주의나 편협에서도 벗어나는 태도가 필요하다.

사실 보통사람이 모두가 인정할 만큼 현명하고 어진 성품을 두루 갖추기는 어려운 일이다. 그렇지만 인간으로서 더 강하게 성장하기 위해 예로부터 '큰사람'에게 요구되어온 조건들을 착실히 밟아나가면 남보다 앞서나가는 인물로 거듭날 것이다.

[심플하게 산다는 것]

많은 사람들의 고민을 상담해주다가 절실히 느끼는 것이 하나 있다. 열에 아홉은 고민의 원인으로 세상 탓, 회사 탓, 남 탓으로 여긴다는 것이다. 그들의 마음을 모를 리는 없다. 자신의 생각대로 일이 진행되지 않으면 누구라도 이런 생각을 한다.

"저 사람이 나한테 잘못하지만 않았더라도……."

"저 사람이 나를 배신하지 않았다면……."

"회사가 나를 부당하게 평가하지 않았다면……."

"사회가 제대로 굴러간다면……."

이렇게 자기 자신을 책망하지 않고 나를 둘러싼 세상 탓을 하면 원망의 대상에게 저주를 퍼붓는 동안은 마음이 어느 정도 편해진다. 하지만 그런 식으로는 고민이 한 번에 해결되기는커녕 자신의 귀책사유는 고스란히 지하에 묻히게 되어 급격하게 퇴보하는 삶을 피할 수 없다.

큰 인물들의 공통점은 '이미 일어난 일에 대한 모든 책임은 나에게 있다'고 생각하는 데 있다. 다시 말하자면 그들은 타인에게 화살을 돌리지 않고 스스로에게 책임을 묻는다. 그들은 어떤 경우에도 내게 해를 끼친 사람을 벌하는 것은 하늘의 몫이라고 의연하게 말한다. 《노자》에 이런 말이 나온다.

———

하늘의 그물은 넓고 넓어서 성긴 듯하나 무엇 하나 놓치지 않는다.

天網恢恢 疎而不漏.

———

'하늘이 보고 있으니 나쁜 짓을 하면 반드시 벌을 받는다'는 말로 받아들일 수 있는 금언이다. 옛사람들은 '하늘이 보고 있다'는 말을 가슴에 새기고 허물이 될 우려가 있으면 스스로를 단속하는 처신을 했다. 《후한서》에 그런 예화를 소개하고 있다.

양진(楊震)이라는 선비가 동래태수로 임명되어 임지로 가던 중에 창읍이라는 마을에서 묵게 되었는데, 그곳 현령 왕밀(王密)이 밤늦게 찾아왔다. 왕밀은 예전에 양진이 형주자사(荊州刺史)로 있을 때, 관리로 등용한 인연이 있는 인물이었다.

오랜만에 만난 두 사람이 지난 이야기를 나누며 술잔을 기울이고 있던 중에 왕밀이 소매 속에서 황금 10근을 꺼내 양진에게 건넸다. 지난날 양진이 자신에게 베풀어준 은혜에 대한 보답으로 준비한 선물이었다. 아무리 사양을 해도 거듭 받아두라고 간청하는 왕밀에게 양진이 말했다.

"하늘이 알고 땅이 알고, 자네가 알고 내가 아는 일이니 절대 받을 수 없네."

더 큰 성장을 위해 쭉쭉 뻗어나갈 40대는 부정과 불의엔 곁눈질을 하지 말고 오롯이 할 일에만 매달려야 한다. 40대의 10년은 일에 집중하는 것만으로도 시간이 부족하다.

40대는 이래저래 고민이 많을 때다. 고민이 많으면 많을수록 마음은 맑을 수 없고, 몸의 피로도 풀 수 없다. 그런 깊은 고민의 구덩이에 빠지지 않기 위해서는 이것저것 너무 집착하지 말고 단순하게 사는 것이 상책이다. 《채근담》에 이런 말이 나온다.

———

만일 사귐을 덜면 시끄러움을 면하고, 말을 줄이면 허물이 적어지며, 생각을 덜면 정신이 소모되지 않으며, 총명함을 덜면 본성을 보존할 수 있다. 날로 덜어내기를 구하지 않고 날로 더하기를 구하는 것은 자기 삶을 스스로 속박하는 것이다.

如交遊減 便免紛擾, 言語減 便寡愆尤, 思慮減 則精神不耗, 聰明減 則混沌可完, 彼不求日減而求日增者 眞桎梏此生哉.

———

쓸데없는 일을 하지 않는 것이 행복의 근본이라는 뜻이다. 이 말에 《맹자》는 이런 조언을 보탠다.

"왜 그대들은 여분의 것을 줄이려 하지 않고, 오히려 늘리려고만 하는가. 그것은 스스로 자신의 삶에서 자유를 빼앗는 것과 같다."

주변을 돌아보면, 나와는 별로 상관도 없는 일에 발을 들여놓았다가 뜻밖의 문제에 발이 묶이는 경우가 많다. 쓸데없는 말을 해서 문제를 일으키기도 하고, 우연히 만난 사람 때문에 결론도 나지 않는 고민에 끌려 다니기도 한다. 이미 지나버린 일에 매달려 '그때 그 일을 하지 않으면 좋았을 텐데……'라고 끙끙거리기도 한다.

모두 삶을 낭비하는 일이다. 그런 식으로 결론이 나지 않는 고민은 아무리 많은 시간을 들여 머리를 싸매도 의미가 없다. 과거는 이제 되돌릴 수 없는 것이기에 후회가 아닌 반성을 해서 미래로 나아가야 한다. 이것이 단순하게 살아가는 지름길이다. 쓸데없는 감정을 얼마나 빨리 지워가느냐, 이것이 승패의 열쇠임을 잊지 말아야 한다.

[최후까지, 악착같이]

《정관정요》에 '신중한 끝맺음을 위한 10개조'라는 내용이 나온다. 당나라를 세우고 역사상 최고의 선정을 펼친 태종에게 참모인 위징(魏徵)이 간언한 말이다. 위징이 태종의 치세가 13년에 이르던 시기에 이런 말을 했다.

"요 근래 황제의 모습을 보면, 즉위 때의 마음가짐을 찾아볼 수 없습니다. 이대로라면 신중한 끝맺음이 어렵겠사옵니다."

그러면서 위징은 고전에 등장하는 두 가지 말을 건넨다.

———

아는 것은 누구라도 할 수 있지만, 실행하기는 어렵다.

하지만 그보다 더 어려운 것은 마지막까지 실행을 지속하는 일이다.

非知之難 行之惟難 非行之難 終之斯難.

———

보통사람이라도 지위가 조금 오르다 보면 거만해지거나 허영심이 커져서 교만과 사치에 빠지게 된다. 당나라라는 광대한 제국의 황제라면 더욱 그랬을 것이다. 위징은 그렇기에 더욱 근신하고 자중해야 한다며 신중한 끝맺음의 중요성을 강조한다. 위징이 말하는 10개조를 간단히 정리하면 다음과 같다.

"폐하께서는 나라를 세운 다음에는 타국에서 보내온 선물도 마다하셨습니다. 근검절약을 중히 여겨 스스로가 사치를 하고자 인민을 혹사시킨 적이 없습니다. 인재등용에 있어서는 무조건 따르는 자보다 우수한 인재를 더 총애하셨습니다. 권력을 휘둘러 기세등등한 일도 없거니와 하루 종일 사냥에 열중한 적도 없습니다. 그런데 지금은 어떻습니까? 백성의 삶은 외면하고 신하들의 말엔 귀를 막으며, 교만하고 사치스러운 삶에 정신을 잃고 있지 않습니까. 부디 초심으로 돌아가 주십시오."

그때 태종은 40세를 조금 넘긴 때였다. 태종은 위징의 말을 경청한 뒤에 크게 반성하고 자책할 정도로 열린 마음의 소유자였다. 태종의 치세는 그 뒤로 10년 정도 지속되었는데, 위징의 진언이 '신중한 끝맺음'을 위한 바탕이 되었으리라 믿어진다.

40대가 되면 초심으로 돌아가 '이제 정말로 20대 때 꿈꿨던 꽃을 피워보자'고 다짐해야 한다. 이를 위해 내가 제안하고 싶은 것은 '신입사원 시절에 했던 일을 해보라'는 것이다. 예를 들어 직접 회의 자료를 준비하거나 사무실 정리 같은 것을 해보는 것이다.

40대가 되면 지위가 높아지기에 이런 소소한 일거리들은 부하직원들에게 맡기게 된다. 일이 끝나면 마무리를 부탁한다는 말을 남기고 쏜살같이 돌아서는 일도 많다. 그런 행동이 나쁘다는 것은 아니지만, 때에 따라서는 준비부터 정리까지 전부 책임을 갖고 스스로 해보자. 이런 행동은 일하는 인생의 '신중한 끝맺음'과 통하는 매우 중요한 태도다. 《서경》에 이런 글이 나온다.

주(周)나라 무왕(武王)이 은(殷)나라 주왕(紂王)을 무찌르고 새 왕조를 열었는데, 변방의 어느 소국에서 진기한 개 한 마리를 선물로 보내왔다. 키가 넉 자나 되는 큰 개로 사람의 말을 척척 알아듣고 짐승도 잘 제압하는 등 일찍이 볼 수 없었던 영리한 개였다. 이에 무왕은 몹시 기뻐하며 자나 깨나 가까이 하며 소중히 여겼다. 이때 동생인

소공(召公)이 무왕이 혹시 그런 진기한 물건에 정신이 팔려 정치를 등한히 하지 않을까 염려하며 이런 말을 했다.

"임금 된 사람은 아침부터 저녁까지 잠시라도 게으름을 피우면 안 됩니다. 아무리 사소한 일이라도 이를 조심하지 않으면 끝내 큰 덕을 해치게 되기 때문입니다. 흙을 가져다가 큰 산을 만드는데, 마침내 아홉 길 높이에 이르러 이제 다 되었다 하고 한 삼태기의 흙을 옮기는 일을 게을리하게 되면 지금까지의 해 온 일이 모두 허사가 될 것입니다."

'아홉 길 산을 쌓는 데 한 삼태기의 흙이 모자라 그동안의 공이 한꺼번에 무너진다(爲山九仞 功虧一簣)'는 말이 우리에게 주는 교훈은 아주 크다. 달리 말하면 최후의 한 줌 흙이 빠지면 산은 완성되지 못한다는 의미로, 일을 99%까지 달성했더라도 마지막에 작은 마무리를 못하면 실패로 이어진다는 뜻이다.

당신에게도 그런 경험이 있을 것이다. '이제 괜찮겠지' 하며 중간 관리자로서 최종 체크하는 것을 소홀히 하고 아랫사람에게 모든 일을 맡겼는데, 그 뒤 말도 안 되는 문제가 생긴 경우 말이다. '신중한 끝맺음'은 그런 마음가짐으로 일을 처음 시작하는 것보다 훨씬 더 중요한 일임을 잊어서는 안 된다.

동양고전의 지혜에서 건져 올린
'더 강한 40대를 위한 조언'

세상에서 제일 좋은 것은 물과 같다. 물은 세상 만물을 이롭게 하면서
도 다투지 않고, 모든 사람이 꺼리는 낮은 곳에 가까이 머물기에 도(道)
에 가깝다. 살면서 물처럼 땅을 좋게 하고, 마음을 쓸 때는 물처럼 깊음
을 좋게 하고, 사람을 사귈 때는 물처럼 어짊을 좋게 하고, 말할 때는
물처럼 믿음을 좋게 하고, 다스릴 때는 물처럼 바르게 하고, 일할 때는
물처럼 능하게 하고, 움직일 때는 물처럼 때를 좋게 하라. 물은 오로지
다투지 아니하니 허물이 없다.

上善若水 水善利萬物而不爭 處衆人之所惡 故幾於道.

居善地 心善淵 與善仁 言善信 正善治 事善能 動善時.

夫唯不爭 故無尤.

《노자》

여러 사람이 길을 같이 가면 내 스승이 있다.

좋은 점은 가려서 좇고, 좋지 않은 점은 고쳐야 한다.

三人行必有我師焉 擇其善者而從之 其不善者而改之

《논어》

스스로 드러내지 않아서 오히려 밝고, 스스로 옳다 하지 않아서 오히

려 뚜렷하며, 스스로 자랑하지 않아서 오히려 공이 있고, 스스로 뽐내지
않아서 오히려 오래 간다.

不自見故明 不自是故彰 不白伐故有功 不自矜故長.

《노자》

군자는 물을 거울로 삼지 않고 사람을 거울로 삼는다. 물을 거울로 삼
으면 얼굴을 볼 수 있을 뿐이지만, 사람을 거울로 삼으면 길흉을 알 수
있다.

君子 不鏡于水 而鏡于人. 鏡于水 見面之容, 鏡于人 則知吉
與凶.

《묵자》

교묘한 솜씨가 있어도 서툰 것처럼 하고, 밝게 보는 지혜가 있어도 어두
운 척하며, 맑더라도 혼탁한 물에 섞어버리고, 허리를 꼿꼿이 세우는 당
당함보다 먼저 굽실거릴 수 있다면 험한 세파를 헤쳐 나가는 편안한 수
단이 될 것이요, 아울러 피난처가 되는 굴을 세 개나 가진 영리한 토끼
처럼 살아갈 수 있을 것이다.

藏巧於拙, 用晦而明, 寓清于濁, 以屈爲伸, 眞涉世之一壺, 藏

身之三窟也.

백성을 정치로 인도하고 형벌로 다스리면, 백성들은 형벌을 면하고도 부
끄러움이 없다. 그러나 덕으로 인도하고 예로써 다스리면, 백성들은 부
끄러워할 줄도 알고 또한 잘못을 바로잡게 된다.
道之以政, 齊之以刑, 民免而無恥, 道之以德, 齊之以礼, 有恥
且格.

《논어》

군자는 여러 사람과 조화를 이루면서도 당파를 만들지 않고,
소인은 당파를 만들면서도 여러 사람과 조화를 이루지 못한다.
君子 周而不比 小人 比而不周.

《논어》

군자의 사귐은 담백하기가 물과 같고
소인의 사귐은 달기가 단술과 같다.

198 40대를 후회 없이 살기 위한 15가지 습관

君子之交淡如水 小人之交甘若醴.

《명심보감》

사람은 한가한 때일수록 다급한 일에 대처하는 마음을 마련하고,
바쁜 때일수록 여유 있는 마음을 가져야 한다.

閒時 要有喫緊的心事, 忙處 要有悠閒的趣味.

《채근담》

전쟁을 벌일 때는 국내적으로는 다섯 개 항목에 대해 충분히 알아보고,
대외적으로는 일곱 개 사항을 잘 계산하여 양쪽을 비교 검토함으로써
그 우열을 알아야 한다.

經之以五事 校之以七計 而索其情.

《손자병법》

무릇 전쟁은 정공법으로 대치하고, 기계(奇計)로써 승리한다.

凡戰者 以正合 以奇勝.

《손자병법》

나는 15세에 학문에 뜻을 두고, 30세에 확고히 섰으며, 40세가 되어서
는 미혹하지 않았다. 50세에는 하늘의 명을 알게 되었고, 60세에는 남
의 말을 순순히 받아들였으며, 70세에는 마음 내키는 대로 행해도 법에
벗어나지 않았다.

吾十有五而志于學, 三十而立, 四十而不惑, 五十而知天命,
六十而耳順, 七十而從心所慾, 不踰矩.

《논어》

군대를 잘 다루는 장수는 (중국 최고 명산의 하나인 성산에 사는 전설 속
의 뱀인) 솔연과 같이 (민첩하고 영악하게) 처신한다.

善用兵者 譬如率然.

《손자병법》

다른 사람의 하찮은 과실을 함부로 나무라지 않고,
다른 사람의 비밀스러운 일을 함부로 폭로하지 않으며,
다른 사람의 과거 악행을 언제까지라도 기억하지 않는다.

不責人小過 不發人陰私 不念人舊惡.

《채근담》

부유함과 귀함은 사람들이 바라는 것이지만 정당한 방법으로 얻는 것이
아니라면 누려서는 안 된다. 가난함과 천함은 사람들이 싫어하는 것이
지만, 부당하게 그리 되었어도 억지로 벗어나려 해서는 안 된다.

富與貴 是人之所欲也 不以其道得之 不處也

貧與賤 是人之所惡也 不以其道得之 不去也.

《논어》

곧은 나무는 먼저 잘리고, 맛있는 우물은 먼저 말라 버린다. 스스로 뽐
내는 자는 공을 잃게 되고, 공을 이루고 물러나지 않는 자는 실패하게
되며, 명성을 이루고 그대로 머물고자 하는 자는 욕을 보게 된다.

直木先伐 甘井先竭 自伐者无功 功成者墮 名成者虧.

《장자》

사람에게 신의가 없다면 그 쓸모를 알 수가 없다.

人而無信 不知其可也.

《논어》

예의염치 중에 하나가 없으면 나라가 기울기 시작하고, 둘이 없으면 나라가 위태로워지며, 셋이 없으면 나라가 무너지고, 모두가 없으면 결국 세상이 망한다.

國有四維, 一維絶則傾, 二維絶則危, 三維絶則覆, 四維絶則滅

《순자》

사람들은 상대방의 재산이 자기보다 열 배가 되면 헐뜯고, 백 배가 되면 두려워하며, 천 배가 되면 그의 일을 해주고, 만 배가 되면 노비가 되는 것도 사양하지 않는다.

凡編戶之民 富相什則卑下之 伯則畏憚之 千則役 萬則僕 物之理也.

《사기》

많은 것을 들되 의심스러운 부분은 빼놓고 그 나머지를 조심스럽게 말하면 허물이 적다. 또한 많은 것을 보되 위태로운 것을 빼놓고 그 나머지를 조심스럽게 행하면 후회하는 일이 적을 것이다. 말에 허물이 적고 행동에 후회가 적으면 출세는 자연히 이루어진다.

多聞闕疑, 愼言其餘, 則寡尤. 多見闕殆, 愼行其餘, 則寡悔.

言寡尤, 行寡悔, 祿在其中矣.

《논어》

군주는 배와 같고, 백성은 물과 같다.

물은 배를 띄우기도 하지만 배를 뒤엎기도 한다.

君者舟也 庶人者水也 水則載舟 水則覆舟.

《순자》

위아래가 아직 친밀해지지 않았음에도 엄한 징벌을 내세워 고압적으로 다루면, 아랫사람들은 절대 복종하지 않는다. 일단 백안시하게 되면 이처럼 다루기 힘든 것도 없다. 그렇다고 너무 무관하게 친해지면 버릇이 없어지고 친함이 도를 넘어 제대로 벌을 주지 못하게 되면, 이 또한 쓸모가 없어지게 된다.

卒未親附 而罰之 則不服 不服則難用也 卒已親附 而罰不行 則不可用也.

《손자병법》

남에게 의지하는 것은 나 자신의 힘에 의존함만 못하다.

남이 나를 위하는 것은 내가 나를 위하느니만 못하기 때문이다.

恃人不如自恃也 人之爲己不如己之自爲也.

《한비자》

일이란 성실한 바탕 위에서 미리 단속하면 확고하게 이루어지고,

미리 단속함 없이 무방비 상태로 임하면 낭패를 본다.

凡事豫則立 不豫則廢.

《중용》

몸에 해로움이 가해지면 마음의 건강마저 혼란스러워진다. 마음이 혼
란해지면 몸 상태에 더욱 나쁜 영향을 끼친다. 몸과 마음은 하나이기에
항시 조화를 이루어야 한다.

載營魄抱一 能無離乎 專氣致柔 能嬰兒乎.

《노자》

군자가 가족을 소중히 하면

백성은 그것을 배워 서로를 소중히 여긴다.

君子篤於親 則民興於仁.

《논어》

자신의 몸과 마음을 바르게 한 사람만이 가정을 다스릴 수 있고,

가정을 다스릴 수 있는 자만이 나라를 다스릴 수 있으며,

나라를 다스릴 수 있는 자만이 천하를 평화롭게 다스릴 수 있다.

修身齊家 治國平天下.

《대학》

덕을 베풀려거든 무릇 아주 작은 일부터 베풀 것이요,

은혜를 베풀려거든 보답하지 못할 사람에게 힘써 베풀어라.

謹德 須謹於至微之事. 施恩 施於不報之人.

《채근담》

경제적으로 생활이 불안정해도 항상 바른 마음을 지닐 수 있는 것은 뜻

있는 선비만 가능한 일일 뿐, 백성은 경제적 안정이 없으면 항상 바른

마음을 가질 수가 없다. 항상 바른 마음을 가질 수 없다면 방탕하고 편벽되며 부정하고 허황되어 어찌할 수가 없게 된다. 그들이 죄를 범한 후에 법으로 그들을 처벌한다는 것은 곧 백성을 그물질하는 것과 같다.

無恒産而有恒心者 唯士爲能 若民則無恒産 因無恒心 苟無恒心 放僻邪侈 無不爲已 及陷於罪然後 從而刑之 是罔民也.

《맹자》

기개가 넘치는 것은 필요하지만,
지나치게 유별나서 조잡해서는 안 된다.

氣象要高曠 而不可疎狂.

《채근담》

하늘의 그물은 넓고 넓어서 성긴 듯하나 무엇 하나 놓치지 않는다.

天網恢恢 疎而不漏.

《노자》

만일 사귐을 덜면 시끄러움을 면하고, 말을 줄이면 허물이 적어지며, 생각을 덜면 정신이 소모되지 않으며, 총명함을 덜면 본성을 보존할 수 있다. 날로 덜어내기를 구하지 않고 날로 더하기를 구하는 것은 자기 삶을 스스로 속박하는 것이다.

如交遊減 便免紛擾, 言語減 便寡愆尤, 思慮減 則精神不耗,
聰明減 則混沌可完, 彼不求日減而求日增者 眞桎梏此生哉.

《채근담》

아는 것은 누구라도 할 수 있지만, 실행하기는 어렵다.

하지만 그보다 더 어려운 것은 마지막까지 실행을 지속하는 일이다.

非知之難 行之惟難 非行之難 終之斯難.

《정관정요》

Photo Credit

047 https://www.flickr.com/photos/gwvan/3962055433
161 https://www.flickr.com/photos/raaphorst/10401482363
173 https://www.flickr.com/photos/jlarnos/8297692520

40대를 후회 없이 살기 위한 15가지 습관

초판 1쇄 인쇄일 2019년 02월 25일
초판 1쇄 발행일 2019년 03월 05일

지은이 다구치 요시후미
옮긴이 이정은
발행인 이승용
주간 이미숙
편집기획부 박지영 황예린   **디자인팀** 황아영 한혜주
마케팅부 송영우 김태운   **홍보마케팅팀** 조은주 전소현
경영지원팀 이루다 이소윤

발행처 |주) 홍익출판사
출판등록번호 제1-568호
출판등록 1987년 12월 1일
주소 [04043] 서울 마포구 양화로 78-20(서교동 395-163)
대표전화 02-323-0421   **팩스** 02-337-0569
메일 editor@hongikbooks.com
홈페이지 www.hongikbooks.com

제작처 갑우문화사

ISBN 978-89-7065-674-8 (03190)

이 도서의 국립중앙도서관 출판예정도서목록(CIP)은 서지정보유통지원시스템 홈페이지(http://seoji.nl.go.kr)와
국가자료공동목록시스템(http://www.nl.go.kr/kolisnet)에서 이용하실 수 있습니다.